我的理想

姓名：

目标大学：

录取分数：

大学规划要趁早

竹马书坊　编著

苏州新闻出版集团

古吴轩出版社

图书在版编目（CIP）数据

大学规划要趁早 / 竹马书坊编著. -- 苏州 ： 古吴
轩出版社, 2025. 7. -- ISBN 978-7-5546-2704-4

Ⅰ. G647.32

中国国家版本馆CIP数据核字第20259YU209号

责任编辑：胡敏韬
策　　划：张卫忠
封面设计：猋　玖
内文插画：王东伟

书　　名：**大学规划要趁早**
编　　著：竹马书坊
出版发行：苏州新闻出版集团
　　　　　古吴轩出版社
　　　　　地址：苏州市八达街118号苏州新闻大厦30F
　　　　　电话：0512-65233679　　　邮编：215123
出 版 人：王乐飞
印　　刷：大厂回族自治县彩虹印刷有限公司
开　　本：710mm×1000mm　　1/16
印　　张：23
字　　数：279千字
版　　次：2025年7月第1版
印　　次：2025年7月第1次印刷
书　　号：ISBN 978-7-5546-2704-4
定　　价：108.00元

如有印装质量问题，请与印刷厂联系。0316-8863998

　　中国高等教育的版图上，"双一流"高校犹如闪耀的星辰，代表着国内顶尖的学术水准。2015年，《统筹推进世界一流大学和一流学科建设总体方案》的颁布实施，标志着我国高等教育迈入新的发展阶段。这些学府不仅是科研创新的重要阵地，更是无数青年学子向往的知识殿堂。本书通过生动的图文结合方式，为读者揭开这些名校的神秘面纱。

　　这些顶尖学府各具特色，散发着独特的精神气质。从北方的清华大学到南方的厦门大学，从历史悠久的北京大学到快速发展的华中科技大学，它们遍布祖国各地。有些承载着厚重的文化传承，有些则在技术创新领域勇攀高峰。本书精选了多所典型院校，从建校背景、学科特色、杰出人才到校园文化等多个维度，全面呈现其独特魅力。

　　办学历程见证着高校的成长轨迹。书中详细梳理了各校的发展脉络，如天津大学源自中国近代最早的现代高等学府北洋大学，肩负着培育栋梁之材的重任；武汉大学依山而建，其融合中西的建筑特色记录着中国高等教育现代化的脚步。这些历史积淀不仅彰显了办学先驱的智慧与魄力，更铸就了今日名校的学术品格。

　　学科建设体现着高校的办学实力。本书重点介绍了各校的特色学科，包括中国科学技术大学的物理学、浙江大学的软件工程、中山大学的生态学、北京师范大学的教育学等。这些大学的某些学科不仅在国内保持领先地位，在国际学术界也颇具影响力。同时，书中还展示了各校培养的杰出人才，他们在科研、文化、政治等领域取得的成就既是母校育人成果的体现，也为在校学子树立了榜样。

　　校园生活远不止于学术研究。书中还收录了许多生动有趣的校园轶事，这些趣闻让严谨的学术殿堂增添了人文温度。此外，本书还以精美的摄影作品和艺术插画展现了各校的标志性景观，如北大的湖光塔影、川大的红色教育基地、西工大的军工特色建筑等，让读者能够直观感受校园风貌。

　　本书期望能帮助读者深入了解中国顶尖高校的办学特色，体会其学术追求与文化传承，也祝愿每位有志青年都能在这些学术殿堂中找到人生方向，实现自我价值。

目录

002 北京大学

003
| 优势学科
| 历史沿革

004
| 校园趣闻
| 校园风光

006 清华大学

007
| 优势学科
| 历史沿革

008
| 校园趣闻
009
| 校园风光

010 北京航空航天大学

011
| 优势学科
| 历史沿革

012
| 校园趣闻
| 校园风光

014 北京理工大学

015
| 优势学科
| 历史沿革

016
| 校园趣闻
017
| 校园风光

018 中国人民大学

019
| 优势学科
| 历史沿革

020
| 校园趣闻
| 校园风光

022 北京师范大学

023
| 优势学科
| 历史沿革

024
| 校园趣闻
| 校园风光

026 中国农业大学

027
| 优势学科
| 历史沿革

028
| 校园趣闻
| 校园风光

030 中央民族大学

031
| 优势学科
| 历史沿革

032
| 校园趣闻
| 校园风光

034 南开大学

035
| 优势学科
| 历史沿革

036
| 校园趣闻
| 校园风光

038 天津大学

039
| 优势学科
| 历史沿革

040
| 校园趣闻
| 校园风光

042 哈尔滨工业大学

043
| 优势学科
| 历史沿革

044
| 校园趣闻
| 校园风光

046 吉林大学

047
| 优势学科
| 历史沿革

048
| 校园趣闻
| 校园风光

062 复旦大学

063
| 优势学科
| 历史沿革

064
| 校园趣闻
| 校园风光

066 同济大学

067
| 优势学科
| 历史沿革

068
| 校园趣闻
| 校园风光

070 华东师范大学

071
| 优势学科
| 历史沿革

072
| 校园趣闻
| 校园风光

086 中国科学技术大学

087
| 优势学科
| 历史沿革

088
| 校园趣闻
| 校园风光

090 厦门大学

091
| 优势学科
| 历史沿革

092
| 校园趣闻
093
| 校园风光

094 山东大学

095
| 优势学科
| 历史沿革

096
| 校园趣闻
097
| 校园风光

050 大连理工大学

051
| 优势学科

| 历史沿革

052
| 校园趣闻

| 校园风光

054 东北大学

055
| 优势学科

| 历史沿革

056
| 校园趣闻

| 校园风光

058 上海交通大学

059
| 优势学科

| 历史沿革

060
| 校园趣闻

| 校园风光

074 南京大学

075
| 优势学科

| 历史沿革

076
| 校园趣闻

| 校园风光

078 东南大学

079
| 优势学科

| 历史沿革

080
| 校园趣闻

| 校园风光

082 浙江大学

083
| 优势学科

| 历史沿革

084
| 校园趣闻

| 校园风光

098 中国海洋大学

099
| 优势学科

| 历史沿革

100
| 校园趣闻

101
| 校园风光

102 华中科技大学

103
| 优势学科

| 历史沿革

104
| 校园趣闻

| 校园风光

106 武汉大学

107
| 优势学科

| 历史沿革

108
| 校园趣闻

| 校园风光

110 中南大学

111　优势学科　　112　校园趣闻

历史沿革　　校园风光

114 湖南大学

115　优势学科　　116　校园趣闻

历史沿革　　117　校园风光

118 中国人民解放军
国防科技大学

119　优势学科　　120　校园趣闻

历史沿革　　校园风光

134 四川大学

135　优势学科　　136　校园趣闻

历史沿革　　校园风光

138 电子科技大学

139　优势学科　　140　校园趣闻

历史沿革　　校园风光

142 西安交通大学

143　优势学科　　144　校园趣闻

历史沿革　　校园风光

122 中山大学

123 优势学科　历史沿革
124 校园趣闻　校园风光

126 华南理工大学

127 优势学科　历史沿革
128 校园趣闻　校园风光

130 重庆大学

131 优势学科　历史沿革
132 校园趣闻　校园风光

146 西北工业大学

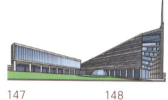

147 优势学科　历史沿革
148 校园趣闻　校园风光

150 西北农林科技大学

151 优势学科　历史沿革
152 校园趣闻　校园风光

154 兰州大学

155 优势学科　历史沿革
156 校园趣闻　校园风光

160 北京科技大学

161	162
优势学科	校园趣闻
特色学科	校园风光
历史沿革	

164 武汉理工大学

165	166
优势学科	校园趣闻
特色学科	校园风光
历史沿革	

168 北京交通大学

169	170
优势学科	校园趣闻
特色学科	校园风光
历史沿革	

184 上海财经大学

185	186
优势学科	校园趣闻
特色学科	校园风光
历史沿革	

188 中南财经政法大学

189	190
优势学科	校园趣闻
特色学科	校园风光
历史沿革	

192 西南财经大学

193	194
优势学科	校园趣闻
特色学科	校园风光
历史沿革	

208 中国地质大学（北京）

209	210
优势学科	校园趣闻
特色学科	校园风光
历史沿革	

212 中国地质大学（武汉）

213	214
优势学科	校园趣闻
特色学科	校园风光
历史沿革	

216 中国矿业大学（北京）

217	218
优势学科	校园趣闻
特色学科	校园风光
历史沿革	

172 长安大学

173
优势学科	校园趣闻
特色学科	校园风光
历史沿革	

176 西南交通大学

177
优势学科	校园趣闻
特色学科	校园风光
历史沿革	

180 中央财经大学

181
优势学科	校园趣闻
特色学科	校园风光
历史沿革	

174

178

182

196 中国政法大学

197
优势学科	校园趣闻
特色学科	校园风光
历史沿革	

200 中国石油大学(北京)

201
优势学科	校园趣闻
特色学科	校园风光
历史沿革	

204 中国石油大学(华东)

205
优势学科	校园趣闻
特色学科	校园风光
历史沿革	

198

202

206

220 中国矿业大学

221
优势学科	校园趣闻
特色学科	223
历史沿革	校园风光

224 华北电力大学

225
优势学科	校园趣闻
特色学科	校园风光
历史沿革	

228 河海大学

229
优势学科	校园趣闻
特色学科	校园风光
历史沿革	

222

226

230

232 北京邮电大学

233　　　　　234

优势学科	校园趣闻
特色学科	校园风光
历史沿革	

236 中国传媒大学

237　　　　　238

优势学科	校园趣闻
特色学科	校园风光
历史沿革	

240 西安电子科技大学

241　　　　　242

优势学科	校园趣闻
特色学科	校园风光
历史沿革	

256 东北林业大学

257　　　　　258

优势学科	校园趣闻
特色学科	校园风光
历史沿革	

260 南京农业大学

261　　　　　262

优势学科	校园趣闻
特色学科	校园风光
历史沿革	

264 华中农业大学

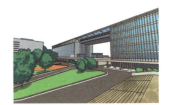

265　　　　　266

优势学科	校园趣闻
特色学科	校园风光
历史沿革	

280 哈尔滨工程大学

281　　　　　282

优势学科	校园趣闻
特色学科	校园风光
历史沿革	

284 南京航空航天大学

285　　　　　286

优势学科	校园趣闻
特色学科	287
历史沿革	校园风光

288 南京理工大学

289　　　　　290

优势学科	校园趣闻
特色学科	校园风光
历史沿革	

244 北京化工大学

245
优势学科	校园趣闻
特色学科	247
历史沿革	校园风光
246

248 华东理工大学

249
优势学科	校园趣闻
特色学科	校园风光
历史沿革	
250

252 北京林业大学

253
优势学科	校园趣闻
特色学科	校园风光
历史沿革	
254

268 西南大学

269
优势学科	校园趣闻
特色学科	校园风光
历史沿革	
270

272 北京中医药大学

273
优势学科	校园趣闻
特色学科	校园风光
历史沿革	
274

276 中国药科大学

277
优势学科	校园趣闻
特色学科	校园风光
历史沿革	
278

292 江南大学

293
优势学科	校园趣闻
特色学科	校园风光
历史沿革	
294

296 合肥工业大学

297
优势学科	校园趣闻
特色学科	校园风光
历史沿革	
298

300 暨南大学

301
优势学科	校园趣闻
特色学科	校园风光
历史沿革	
302

304	北京外国语大学
310	对外经济贸易大学
311	北京工业大学

312	北京体育大学
313	中央音乐学院
314	天津医科大学
315	河北工业大学
316	太原理工大学
317	内蒙古大学
318	大连海事大学
319	辽宁大学

305
| 优势学科
| 特色学科
| 历史沿革

306
| 校园趣闻
| 校园风光

335	华南师范大学
336	广西大学
337	海南大学
338	四川农业大学
339	贵州大学
340	云南大学
341	西藏大学
342	西北大学
343	陕西师范大学
344	中国人民解放军空军军医大学
345	青海大学
346	宁夏大学
347	新疆大学
348	石河子大学

320 东北师范大学　　321 延边大学　　322 东北农业大学

323 上海大学　　324 东华大学　　325 上海外国语大学

326 中国人民解放军海军军医大学　　327 苏州大学　　328 南京师范大学

329 安徽大学　　330 福州大学　　331 南昌大学

332 郑州大学　　333 华中师范大学　　334 湖南师范大学

北京大学

思想自由，兼容并包

建校时间 1898 年

主 校 址 北京市海淀区颐和园路 5 号

学校类别 综合类大学

办学层次 "211 工程"大学、"985 工程"大学、"双一流"建设高校

知名校友

茅盾　中国现代作家

朱自清　中国现代作家

钱三强　核物理学家，"两弹一星"功勋奖章获得者

屠呦呦　药学家、中国首位诺贝尔生理学或医学奖获得者

王亚平　英雄航天员，中国首位进驻空间站、首位出舱活动的女航天员

👍 优势学科

哲学A⁺　应用经济学A⁺　政治学A⁺　社会学A⁺
心理学A⁺　中国语言文学A⁺　外国语言文学A⁺　考
古学A⁺　数学A⁺　世界史A⁺　物理学A⁺　化
学A⁺　地理学A⁺　大气科学A⁺　生物学A⁺　统计
学A⁺　力学A⁺　计算机科学与技术A⁺　生态
学A⁺ 等

🎥 历史沿革

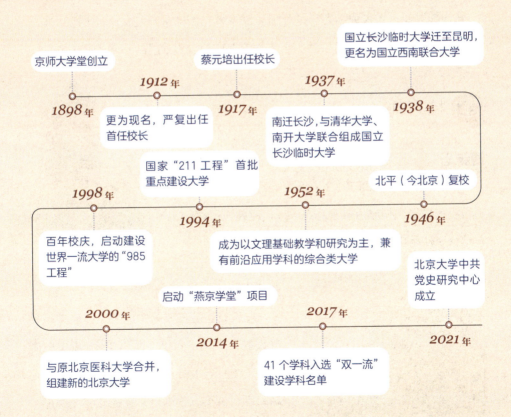

京师大学堂创立

1912 年

1898 年

更为现名，严复出任
首任校长

1917 年

蔡元培出任校长

1937 年

南迁长沙，与清华大学、
南开大学联合组成国立
长沙临时大学

国立长沙临时大学迁至昆明，
更名为国立西南联合大学

1938 年

国家"211工程"首批
重点建设大学

1998 年

1994 年

1952 年

北平（今北京）复校

1946 年

百年校庆，启动建设
世界一流大学的"985
工程"

成为以文理基础教学和研究为主，兼
有前沿应用学科的综合类大学

北京大学中共
党史研究中心
成立

启动"燕京学堂"项目

2000 年

2014 年

2017 年

2021 年

与原北京医科大学合并，
组建新的北京大学

41个学科入选"双一流"
建设学科名单

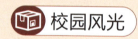
你知道北大的"一塌糊涂"吗？

"一塌糊涂"即一塔、一湖、一图的"雅称"，是北大校园的必游景点。塔，博雅塔；湖，未名湖；图，图书馆。

北大的"大"

北大之"大"，"非谓有大楼之谓也，有大师之谓也"。这里聚集着众多大师，一代又一代，不断释放着北大的魅力。北大物理系走出了中国氢弹之父——于敏，在毫无外援的情况下，他带着一批人，人手一把计算尺，研制出中国第一颗氢弹；北大数学力学系走出了汉字激光照排系统之父——王选；北大医学部走出了中国首位诺贝尔生理学或医学奖获得者——屠呦呦……

校园风光

博雅塔

博雅塔位于未名湖东岸的小丘上，原是校园供水水塔，其设计借鉴了通州燃灯佛舍利塔、辽代密檐塔风格，完美结合了使用功能、艺术造型和周围环境的协调性。

未名湖

未名湖坐落在校园中北部，是校内规模最大的人造湖。湖呈"U"字形，中央有湖心岛，由桥与北岸相通，南端有一个石舫。湖南岸有钟亭、临湖轩、花神庙和埃德加·斯诺墓，东岸有博雅塔。

燕南园

　　燕南园位于燕园的南部，是一片中西合璧式的园林建筑群，被誉为燕园的"园中之园"。这里流传着一句话："知名学者不一定住燕南园，但住燕南园的一定是知名学者。"马寅初、冯友兰、王力、朱光潜、冰心、吴文藻、周培源等都曾住在这里。

汉白玉日晷

　　汉白玉日晷位于塞克勒考古与艺术博物馆南门外，高近 3 米，由基座、主体和日晷组成。碑身从北开始按顺时针方向刻有篆字碑文，四面碑文分别为"近取诸物""远取诸身""仰以观于天文""俯以察于地理"，生动展现了我国先贤对宇宙规律的哲学思考。

北京大学百周年纪念讲堂

　　北京大学百周年纪念讲堂是一座设施先进、功能齐全的现代化讲堂，是为迎接建校百年华诞而建的，是北京大学的标志性建筑之一。

清华大学

自强不息，厚德载物

建校时间 1911 年

主 校 址 北京市海淀区双清路 30 号

学校类别 综合类大学

办学层次 "211 工程"大学、"985 工程"大学、"双一流"建设高校

知名校友

钱锺书 中国现代作家

季羡林 语言学家、国学家

邓稼先 核物理学家，中国科学院院士，中国核武器研制工作的开拓者和奠基者

竺可桢 气象学家、地理学家，中国近代地理学和气象学的奠基者

华罗庚 数学家，中国现代数学之父

👍 优势学科

马克思主义理论 A⁺ 化学 A⁺ 生物学 A⁺ 力学 A⁺ 机械工程 A⁺ 仪器科学与技术 A⁺ 材料科学与工程 A⁺ 动力工程及工程热物理 A⁺ 电气工程 A⁺ 控制科学与工程 A⁺ 计算机科学与技术 A⁺ 建筑学 A⁺ 水利工程 A⁺ 环境科学与工程 A⁺ 核科学与技术 A⁺ 风景园林学 A⁺ 城乡规划学 A⁺ 管理科学与工程 A⁺ 工商管理 A⁺ 公共管理 A⁺ 设计学 A⁺ 等

🎥 历史沿革

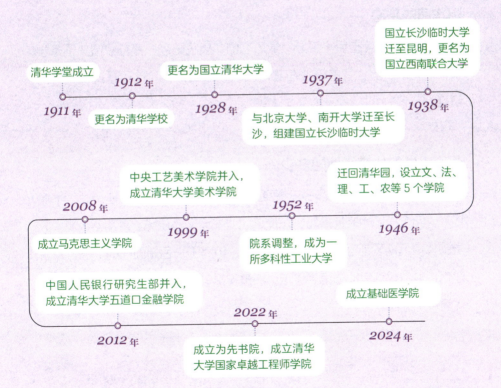

清华学堂成立
1911 年

1912 年
更名为清华学校

更名为国立清华大学
1928 年

1937 年
与北京大学、南开大学迁至长沙，组建国立长沙临时大学

国立长沙临时大学迁至昆明，更名为国立西南联合大学
1938 年

迁回清华园，设立文、法、理、工、农等 5 个学院
1946 年

中央工艺美术学院并入，成立清华大学美术学院
1999 年

1952 年
院系调整，成为一所多科性工业大学

2008 年
成立马克思主义学院

中国人民银行研究生部并入，成立清华大学五道口金融学院
2012 年

2022 年
成立为先书院，成立清华大学国家卓越工程师学院

成立基础医学院
2024 年

你不知道的"五道口体校"

从 2017 年起，清华大学要求学生必须通过游泳测试或参加游泳课的学习并达到一定标准，否则无法获得毕业证书（特殊情况下除外）。因此，"无体育，不清华"的口号响彻了高校界。800 米、1500 米、2000 米、3000 米、半马、全马，篮球、网球、乒乓球……清华学子主打一个"行胜于言"，让清华大学成为名副其实的"五道口体校"。

清华园的秘密

1911 年，美国用一部分"退还"的"庚子赔款"建立了留美预备学校——清华学堂，它的校址在清华园内，因此得名。这也是清华大学的前身。

清华大学的体育场地知多少

清华流传这样一句话——"西山苍苍，东海茫茫，吾校庄严，四个操场"，四个操场即紫荆操场、东操场、北操场和西操场。事实上，清华大学的体育运动场地面积达 22 万平方米，相当于未名湖面积的 7 倍。从游泳馆、射击馆等专业场馆到手球、沙滩排球等专业的户外设施，各类专业体育设施一应俱全。

📦 校园风光

水木清华

　　水木清华是清华园内最引人入胜的一处景点，主体景观为一处荷塘，荷塘之畔为一幢秀雅的古建筑，掩映在垂杨山水之间，经常被拿来与颐和园中的谐趣园相比，最是富有园林意境的"园中之园"。

清华大学二校门

　　清华大学二校门始建于 1909 年，为一座古典优雅的青砖白柱三拱牌坊式建筑，门楣上刻有清朝军机大臣那桐题写的"清华园"三个大字，是清华园内最具代表性的标志性建筑之一。

清华学堂

　　1909 年 6 月，清政府设立游美学务处。1911 年 2 月，游美学务处和筹建中的游美肄业馆迁入清华园，将肄业馆定名为"清华学堂"。

大礼堂

　　大礼堂与老图书馆、西体育馆、科学馆并称"四大建筑"，是清华"最有光荣历史的建筑物之一"。这座建筑采用天圆地方的造型设计，气势宏伟又不失庄重。

北京航空航天大学

德才兼备，知行合一

建校时间　1952 年

主 校 址　北京市海淀区学院路 37 号

学校类别　理工类大学

办学层次　"211 工程"大学、"985 工程"大学、"双一流"建设高校

<table>
<tr><td rowspan="4">知名校友</td><td>**王永志**</td><td>航天技术专家，中国载人航天工程的开创者之一和学术技术带头人</td></tr>
<tr><td>**戚发轫**</td><td>空间技术专家，主持东方红一号卫星研制，主持神舟号飞船总体方案</td></tr>
<tr><td>**刘旺**</td><td>特级航天员，神舟九号飞行任务乘组航天员</td></tr>
<tr><td>**郭川**</td><td>职业竞技帆船赛手</td></tr>
</table>

👍 优势学科

　　仪器科学与技术 A⁺　材料科学与工程 A⁺　航空宇航科学与技术 A⁺　软件工程 A⁺　管理科学与工程 A⁺　计算机科学与技术 A⁺　管理科学与工程 A⁺　外国语言文学 A　控制科学与工程 A　机械工程 A　信息与通信工程 A　交通运输工程 A⁻　力学 A⁻　公共管理 A⁻　数学 A⁻　光学工程 A⁻ 等

🎥 历史沿革

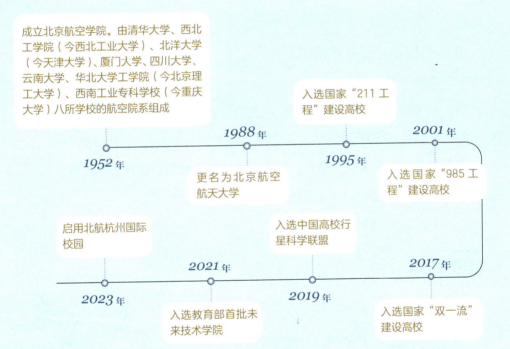

成立北京航空学院。由清华大学、西北工学院（今西北工业大学）、北洋大学（今天津大学）、厦门大学、四川大学、云南大学、华北大学工学院（今北京理工大学）、西南工业专科学校（今重庆大学）八所学校的航空院系组成

1952 年

1988 年
更名为北京航空航天大学

1995 年

入选国家"211工程"建设高校
2001 年

入选国家"985工程"建设高校

启用北航杭州国际校园

2023 年

2021 年
入选教育部首批未来技术学院

入选中国高校行星科学联盟
2019 年

入选国家"双一流"建设高校
2017 年

📢 校园趣闻

"你这么厉害，你咋不上天呢？"

说起"上天"，北航可是相当专业啦！北航有桂海潮教授曾前往太空出差，他甚至在太空为大家上课；北航有通勤机，可以往返京杭两地校园；北航有与空军、海军联合培养的"双学籍"飞行学员；北航有新一代全数字化飞行器科教协同创新中心，可以在模拟飞机上体会从起飞到高空转弯的心跳感……厉害吧？另外，北航还有航模队、方程式赛车队、机器人队等，都"厉害得能上天"哟！

北航的校花——"航概妹"

你知道北航的校花是谁吗？北航的学子一定会异口同声地告诉你——"航概妹"。"航概"，全称"航空航天技术概论"，无论选择什么专业，每一位北航人都必须学习这门通识课。"航概妹"其实是北航沙河校区内一尊凝望着图书馆的女生雕像，她的名字叫"憧憬"，因其身侧放着一本《航空航天技术概论》，故得名。

📦 校园风光

北京一号

北京一号是新中国第一架轻型旅客机，由北航千余名师生设计和研制而成。该机于1958年9月20日制成，9月24日在首都机场首次试飞，次日由北京市委命名为"北京一号"，并完成了北京—天津、北京—上海的航线试飞。

航空航天博物馆

　　航空航天博物馆的前身是北京航空馆（成立于 1985 年），是中国第一座航空航天科学技术的综合科技馆。馆内分长空逐梦、银鹰巡空、神舟问天、空天走廊四个展区，展区包含世界上仅存两架的 P-61 夜间战斗机（外号"黑寡妇"）中的一架、中国第一架轻型旅客机"北京一号"等展品。

老主楼

　　老主楼位于北航学院路校区东北区，由主楼、主 M 楼和一、二、三、四号教学楼组成，为砖混结构形式，是典型的苏联式建筑。整体风格古朴典雅、沉稳庄重。

体育馆

　　北航体育馆建成于 2001 年 8 月，是一所综合性、多功能的大型体育馆。场馆由以银灰色为主色调的铝幕外墙及巨大的架空平台构成，似飞碟从天而降。2008 年北京奥运会期间，北航体育馆作为举重赛场馆使用。

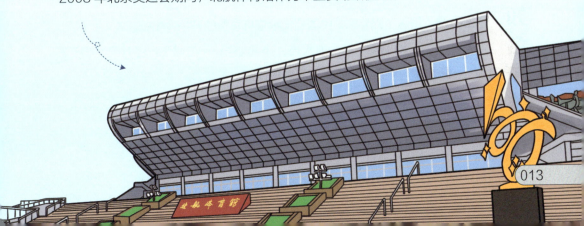

北京理工大学

德以明理，学以精工

建校时间 1940 年

主 校 址 北京市海淀区中关村南大街 5 号

学校类别 理工类大学

办学层次 "211 工程"大学、"985 工程"大学、"双一流"建设高校

知名校友

王小谟　雷达工程专家，中国现代预警机事业的开拓者和奠基人

刘伯明　特级航天员，神舟七号、十二号飞行任务乘组航天员

彭士禄　中国第一艘核潜艇总设计师，被誉为"中国核潜艇之父"

崔国良　固体火箭推进剂与发动机专家，中国工程院院士

👍 优势学科

兵器科学与技术 A⁺　信息与通信工程 A⁺　控制科学与工程 A⁺　机械工程 A
光学工程 A　材料科学与工程 A　管理科学与工程 A　计算机科学与技术 A
力学 A⁻　数学 A⁻　物理学 A⁻ 等

🎞 历史沿革

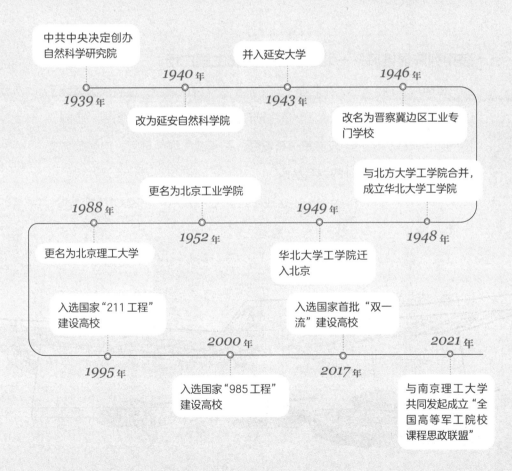

中共中央决定创办
自然科学研究院

并入延安大学

1940 年

1946 年

1939 年

1943 年

改为延安自然科学院

改名为晋察冀边区工业专
门学校

与北方大学工学院合并，
成立华北大学工学院

更名为北京工业学院

1988 年

1949 年

1952 年

1948 年

更名为北京理工大学

华北大学工学院迁
入北京

入选国家"211 工程"
建设高校

入选国家首批"双一
流"建设高校

2000 年

2021 年

1995 年

2017 年

入选国家"985 工程"
建设高校

与南京理工大学
共同发起成立"全
国高等军工院校
课程思政联盟"

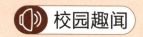 **校园趣闻**

"北理工 1 号"卫星出征太空

2019年7月25日，"北理工1号"卫星搭乘国际荣耀公司的双曲线一号火箭在酒泉发射中心成功发射，标志着浩瀚宇宙中有了第一颗北理工研制的卫星。这颗科学技术验证微型卫星，直径为500mm，质量为3kg，发射轨道高度为300km，倾角为42.7°，其主要任务是验证帆球航天器技术和新型空间电台技术。

装甲列阵显雄风——北理工国防文化主题广场

2020 年 9 月 2 日，在北理工迎来八十周年校庆之际，良乡校区举行了国防文化主题广场的开幕仪式。该主题广场共展示 7 台国产、苏制、美制、日制坦克车辆，成为学校传承"延安根、军工魂"红色基因，加强国防文化建设，弘扬爱国精神的教育基地。

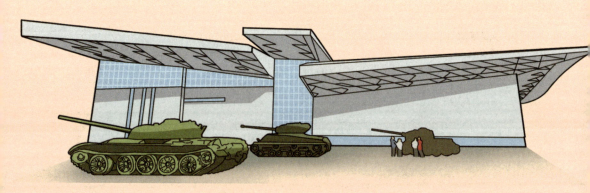

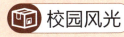 **校园风光**

中心教学楼

　　中心教学楼是一座现代化的智能型教学大楼，于 1999 年 9 月完成建设并正式启用。该教学楼供应用物理系、力学系等 11 个系使用，可用于教学、科研、实验、办公、小型国际科技交流会议等，曾获 2000 年度全国建设工程质量最高奖"鲁班奖"。

体育馆

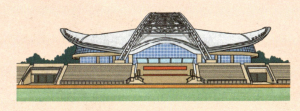

　　体育馆，始建于 2003 年，2007 年 9 月改造完成，曾作为2008 年奥运会排球预赛场馆和残奥会盲人门球比赛场馆。

理工科技大厦

　　理工科技大厦采用智能化设计，空间开阔通透，是高科技企业办公的理想场地。

珠海学院

　　北京理工大学珠海学院创立于 2004 年，位于广东省珠海市唐家湾，是经教育部批准的本科院校，入选广东省首批普通高校本科转型试点高校。

中国人民大学

实事求是

建校时间	1937 年
主 校 址	北京市海淀区中关村大街 59 号
学校类别	综合类大学
办学层次	"211 工程" 大学、"985 工程" 大学、"双一流" 建设高校

知名校友

王小波 当代学者、作家

郭晶晶 中国国家跳水队原运动员，奥运会冠军，国际游泳名人堂成员

吴敏霞 中国国家跳水队原运动员，奥运会冠军

郭兰英 女高音歌唱家、民族声乐教育家

杨洁 国家一级导演

👍 优势学科

理论经济学 A⁺ 法学 A⁺ 应用经济学 A⁺ 社会学 A⁺ 马克思主义理论 A⁺ 新闻传播学 A⁺ 统计学 A⁺ 工商管理 A⁺ 公共管理 A⁺ 中国语言文学 A⁺ 农林经济管理 A⁺ 哲学 A 政治学 A 中国史 A 外国语言文学 A 计算机科学与技术 A 等

🎞 历史沿革

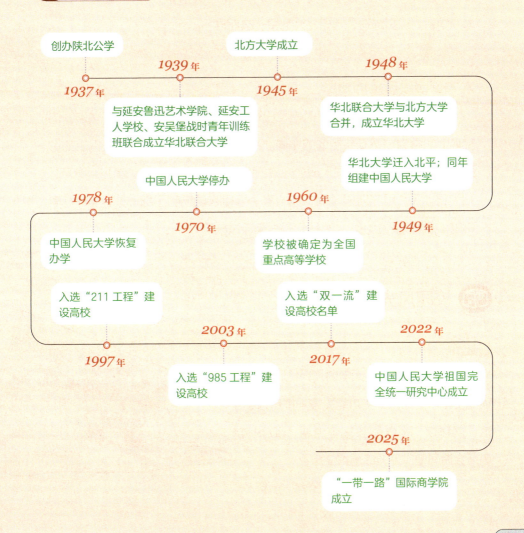

创办陕北公学
1937 年

1939 年

与延安鲁迅艺术学院、延安工人学校、安吴堡战时青年训练班联合成立华北联合大学

北方大学成立
1945 年

1948 年

华北联合大学与北方大学合并，成立华北大学

华北大学迁入北平；同年组建中国人民大学
1949 年

中国人民大学停办
1970 年

1960 年

学校被确定为全国重点高等学校

中国人民大学恢复办学
1978 年

入选"211 工程"建设高校
1997 年

2003 年

入选"985 工程"建设高校

入选"双一流"建设高校名单
2017 年

2022 年

中国人民大学祖国完全统一研究中心成立

2025 年

"一带一路"国际商学院成立

一勺池底刷绿漆

一勺池，因面积及形状得名。它初名"人大海"，是人大校园内面积最大的水面景观，为70平方米，绕池一圈需要90秒钟呢。池子状如水滴，水面平整如镜，池子看似深不见底，但是最深处只能淹过小腿，全因池底刷了一层绿漆。池内竖一奇石，正面刻字"一勺池"；北面撰联"吞吐三江水，怡然一勺池"。此外，它还有一个特别的名字——"七星池"，因为池中有七块脚踏石，状如北斗七星，故而得名。

人大校园内古墓的秘密

你知道吗？明德楼兴建时曾挖出过古墓，在中区食堂和实验楼之间的空地上能看到一些石头制成的雕像。据记载，这里曾是清代纳兰家族的一处祖茔，埋着清代杰出词人纳兰性德的四位亲人，分别是他的妻子、母亲、儿子和孙子。早在康熙年间，他的妻子与母亲便迁到了另一处祖茔——皂甲屯（今海淀区上庄），其子嗣是后来迁过去的。

📦 校园风光

世纪馆

世纪馆是中国人民大学的体育馆，外形像一顶博士帽。世纪馆由多功能主馆、排球馆、篮球馆、网球馆、多媒体教室等组成，2008年奥运会期间曾作为训练场馆使用。

明德楼

　　明德楼，位于校园西门，分为明德主楼、明德商学楼、明德法学楼、明德国际楼和明德新闻楼，是国内高等院校中规模最大的"单体教学建筑"，其特征体现在量大、功能全、高度现代化等方面，曾获"2006年度国家优质工程奖"。

图书馆

　　中国人民大学图书馆的前身为1937年建成的陕北公学图书馆。1950年，正式组建中国人民大学图书馆。现已成为首都高校文献资料共享的重要枢纽和全国高等学校以人文社会科学为收藏重点的著名图书馆。

博物馆

　　中国人民大学博物馆以"北国春秋"北方民族文物陈列和校史展为基础，由校史展、馆藏专题展、临时展览三部分组成，是一所综合性、高水平的大学博物馆，馆藏文物10万余件。

北京师范大学

学为人师，行为世范

建校时间	1902 年
主 校 址	北京市海淀区新街口外大街 19 号
学校类别	师范类大学
办学层次	"211 工程"大学、"985 工程"大学、"双一流"建设高校

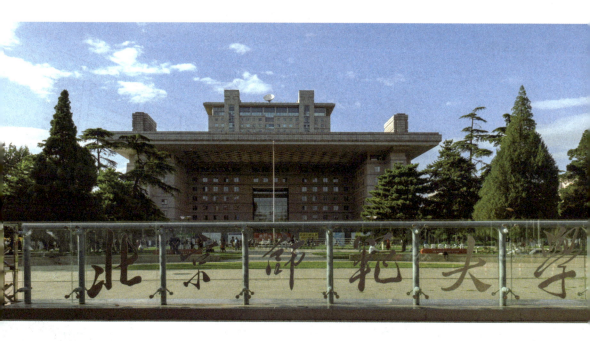

知名校友

莫言　当代作家，2012 年诺贝尔文学奖获得者

阎崇年　历史学家

刘震云　当代作家、编剧

毕淑敏　当代作家

陈一冰　中国国家体操队原运动员、奥运会冠军

👍 优势学科

　　教育学 A⁺　心理学 A⁺　中国语言文学 A⁺　中国史 A⁺　地理学 A⁺
戏剧与影视文学 A⁺　马克思主义理论 A⁺　数学 A　环境科学与工程 A
哲学 A　生态学 A　公共管理 A　理论经济学 A⁻ 等

🎞 历史沿革

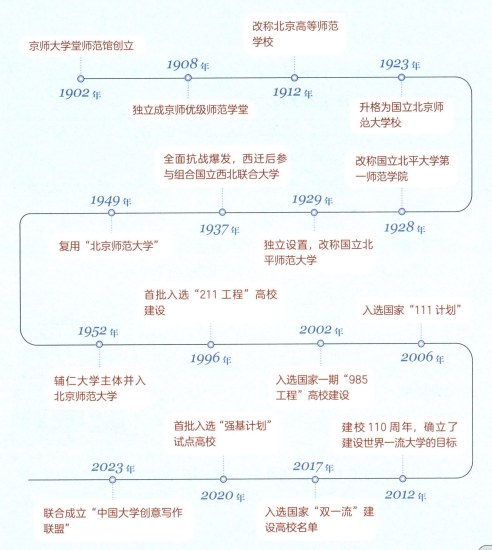

你知道什么是"木铎金声"吗?

矗立在主楼前京师广场上的"木铎金声",是北师大的代表地标。"木铎"也是北师大校标的核心图案。"木铎金声"语出《论语·八佾》:"天下之无道也久矣,天将以夫子为木铎。"历史文献记载,"铎"这种金属边框的响器,最早可追溯至夏商时期。以木为舌者称为"木铎",用以宣布政令;以金为舌者称为"金铎",多用于军事号令。孔子将自己比作木铎,说自己是奉承天命来教化百姓的。

学子口中的"北京动植物园大学"

北师大的乌鸦群最为人所津津乐道。走在一些主路上,头顶的乌鸦都快聚成乌云了。没有走过"天使(屎)路",没有被"天使(屎)"砸过的校园生活便算不得圆满。作为唯一拥有"校鸟"的大学,北师大因此成了学子口中的"北京动植物园大学"。傍晚时分,万鸦盘旋的奇幻景象也让学子们称北师大为"东方的霍格沃兹"。北师大人对乌鸦甚是宠爱,用以看课表、查分的 App 都被亲切地称为"北师小鸦"。

校园风光

京师大学堂

京师大学堂创办于 1898 年,是中国近代第一所国立大学,也是当时国家最高学府。最初,京师大学堂承担着教育事务管理的行政职责,统筹全国学堂事务,为后续高等教育发展奠定了基础。

图书馆

北京师范大学图书馆的前身为1902年成立的京师大学堂师范馆图书室。1949年，北平和平解放，学校恢复了"北京师范大学"的校名，图书馆随校更名为北京师范大学图书馆。2011年9月，北太平庄校园新图书馆大楼投入使用。2018年10月，图书馆昌平校区G区分馆试运行开馆。

敬文讲堂

敬文讲堂建于 20 世纪 80 年代初期，共有 500 间教室，现今可容纳 400 人。此教室以钟敬文教授的名字命名，既彰显北师大百年的荣耀，又寄希望于一代代学子弘扬北师大的文化和精神，同时勇于创新、立志成才。

邱季端体育馆

邱季端体育馆是一座功能完备的现代化体育馆，由大馆和附属训练馆两部分组成，配备各类专业运动设施，能够承办多种体育竞赛活动。2008 年北京奥运会期间，该馆曾是美国体育代表团的训练场所。

中国农业大学

解民生之多艰，育天下之英才

建校时间 1905 年

主 校 址 北京市海淀区圆明园西路 2 号

学校类别 农林类大学

办学层次 "211 工程"大学、"985 工程"大学、"双一流"建设高校

知名校友

王泽农 茶学家，中国茶业生物化学学科创始人

曲泽洲 果树学家、园艺教育家、枣树专家

孙大业 细胞生物学家，中国科学院院士

马世骏 生态学家，中国科学院院士

陈椽 茶学家，中国制茶学学科奠基人

👍 优势学科

农业工程 A⁺　食品科学与工程 A⁺　作物学 A⁺　畜牧学 A⁺　兽医学 A⁺　草学 A⁺　农林经济管理 A　生物学 A　植物保护 A　农业资源与环境 A　园艺学 A⁻ 等

🎬 历史沿革

京师大学堂农科大学筹建
1914 年

改为国立北京农业大学
1938 年

1905 年

1923 年

改组为国立北京农业专门学校

组建国立西北农学院

更名为北京农业机械化学院

北京大学、清华大学、华北大学的农学院合并，次年正式命名为北京农业大学

1952 年

1946 年

1953 年

1949 年

北京农业大学农业机械系与中央农业部机耕学校、华北农业机械专科学校合并成立北京机械化农业学院

原北平大学农学院原址重建农学院

更名为北京农业工程大学

入选国家"985工程"建设高校

1995 年

2017 年

1985 年

2004 年

北京农业大学与北京农业工程大学合并成立中国农业大学，列入国家"211工程"建设高校

入选国家"双一流"建设高校

2020 年

入选"强基计划"试点高校

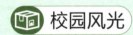
农业大学 = 种地大学?

因农而生,也因农而兴。

优于农,但不囿于农。

中国农大是一所高水平研究型大学,涉及农学、工学、管理学、理学、经济学、法学等 7 大学科门类,开设 80 多个本科专业。

藏在昆虫博物馆里的秘密

中国农业大学昆虫博物馆收藏着各类标本 350 万件,其中包括 7000 余种模式标本。这些标本中,有许多标本已具有百年的历史,最早的标本采集于 1857 年,是老一辈昆虫学家经过一代代收集,才得以保存下来的。同时,馆内藏有昆虫相关的图书和文物近万件,为国内少有。

校园风光

体育馆

中国农业大学体育馆位于东校区内,是一座设有 6000 个固定座席的大型体育馆。该馆承接了 2008 年北京奥运会摔跤比赛和残奥会坐式排球比赛。

老校门

中国农业大学老校门坐落于西校区校史馆前，整体高 8.5 米，正门为拱券结构，内空 2.38 米，内裹青砖，外敷青白石，上有双龙浮雕，中间嵌着"农科大学"四个字，立柱上雕刻着农牧渔等民生百态，表现了农大人对多艰民生的关怀。

文化艺术馆

文化艺术馆位于东校区内，2009 年 6 月 6 日启用，展馆占地面积 600 余平方米。该馆持续举办各类艺术展览，展览内容涉及书法、绘画、摄影、手工艺品、技艺类等门类。馆内空间规划合理，具有作品陈列、美育教学、艺术交流及收藏等功能。

百年校钟

百年校钟悬挂于东校区公主楼广场中央，由北京校友会捐赠，全名为"百年校庆纪念钟"。大钟重 1200 千克，钟体通高 1.5 米，下口直径 1.2 米。钟面铸刻着 432 字四言铭文，整体呈现出深厚的文化底蕴。

中央民族大学

美美与共，知行合一

建校时间 1951 年

主 校 址 北京市海淀区中关村南大街 27 号

学校类别 综合类大学

办学层次 "211 工程"大学、"985 工程"大学、"双一流"建设高校

知名校友

王尧　民族史学家、藏学家

阿金　藏族作曲家

李范文　语言文学学家、西夏学专家

海日汗　蒙古族画家

定宜庄　中国社会科学院历史所研究员

👍 优势学科

民族学 A⁺   社会学 A⁻   中国语言文学 A⁻   音乐与舞蹈学 A⁻ 等

🎥 历史沿革

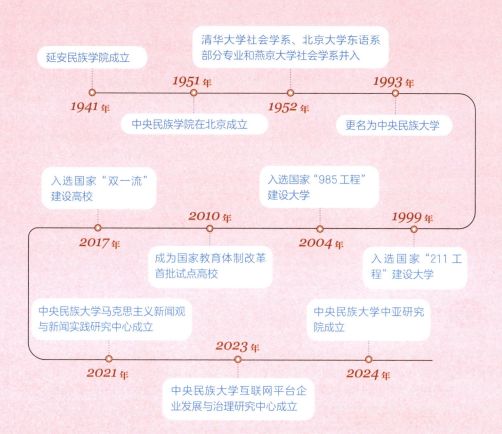

延安民族学院成立

清华大学社会学系、北京大学东语系
部分专业和燕京大学社会学系并入

1951 年

1993 年

1941 年

1952 年

中央民族学院在北京成立

更名为中央民族大学

入选国家"双一流"
建设高校

入选国家"985工程"
建设大学

2010 年

1999 年

2017 年

2004 年

成为国家教育体制改革
首批试点高校

入选国家"211工
程"建设大学

中央民族大学马克思主义新闻观
与新闻实践研究中心成立

中央民族大学中亚研究
院成立

2023 年

2021 年

2024 年

中央民族大学互联网平台企
业发展与治理研究中心成立

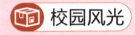 **校园趣闻**

燎原星火：延安精神在北京

　　中央民族大学的历史渊源可追溯至抗日战争时期，其前身是 1941 年诞生于革命圣地延安的延安民族学院。这所在战火中创办的学府，承载着中国共产党发展民族教育的初心。经过数十载的办学历程，学校多次调整发展，最终在北京茁壮成长。如今，该校已建设成为融合人才培养、学术研究、文化传承等多重功能的高等学府，生动展现了我国民族教育事业的发展轨迹。

民大的盛大节日

　　一年又一年的民族节日为这片校园带来了多少欢歌笑语，如古尔邦节、诺鲁孜节、彝历新年、泼水节、三月三……一年四季，节日不重样。正因为如此，民大也成了中国放假最多的一所大学。

校园风光

图书馆

　　中央民族大学图书馆始建于 1951 年。现图书馆及各院系资料室共拥有纸质图书 200 万余册、电子图书 215 万余册、线装古籍 22 万余册。

民族博物馆

中央民族大学民族博物馆成立于 1951 年，以全国 56 个民族的文物为主要收藏、陈列和研究对象的民族学专业博物馆，馆内珍藏涵盖各民族的生产工具、生活用品、宗教器物等 14 类，共有近 5 万多件（套）文物。

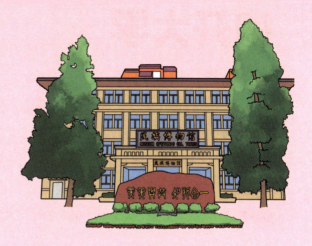

美术学院

中央民族大学美术学院是一所特色鲜明的美术教育基地，开设绘画（油画、中国画）、艺术设计（装潢设计、环艺设计、服装设计、影像设计）、美术学（美术教育）等专业。

丰台校区

中央民族大学丰台校区位于京西青龙湖畔，占地面积 1206 亩，于 2021 年 9 月正式投入使用。

南开大学

允公允能，日新月异

建校时间 1919 年

主 校 址 天津市南开区卫津路 94 号

学校类别 综合类大学

办学层次 "211 工程"大学、"985 工程"大学、"双一流"建设高校

知名校友

张伯苓　教育家，南开大学创办人之一

严修　教育家、书法家，南开大学创办人之一

周恩来　中国无产阶级革命家、政治家、军事家、外交家

曹禺　剧作家、戏剧教育家

👍 优势学科

数学 A⁺　化学 A⁺　工商管理 A⁺　应用经济学 A⁺　政治学 A　理论经济学 A　马克思主义理论 A　统计学 A　中国语言文学 A　世界史 A　中国史 A　物理学 A　生物学 A　环境科学与工程 A⁻　公共管理 A⁻　信息资源管理 A⁻ 等

🎥 历史沿革

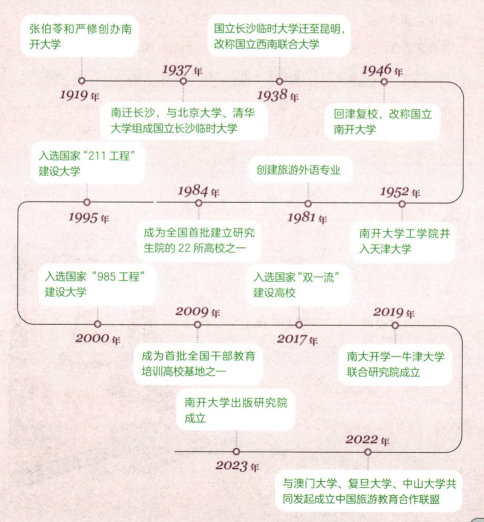

张伯苓和严修创办南开大学

国立长沙临时大学迁至昆明，改称国立西南联合大学

1937 年

1919 年

1938 年

1946 年

南迁长沙，与北京大学、清华大学组成国立长沙临时大学

回津复校，改称国立南开大学

入选国家"211 工程"建设大学

创建旅游外语专业

1984 年

1952 年

1995 年

1981 年

成为全国首批建立研究生院的 22 所高校之一

南开大学工学院并入天津大学

入选国家"985 工程"建设大学

入选国家"双一流"建设高校

2009 年

2019 年

2000 年

2017 年

成为首批全国干部教育培训高校基地之一

南大开学—牛津大学联合研究院成立

南开大学出版研究院成立

2022 年

2023 年

与澳门大学、复旦大学、中山大学共同发起成立中国旅游教育合作联盟

南开大学别名知多少

如果你听到"八里台职业技术学院""八里台女子文理学院""南开中学附属大学"这几个名字，别弄错了哟，这说的就是南开大学。

思源堂的前世故事

思源堂始建于 1923 年，是美国罗氏基金团（现称"洛克菲勒基金会"）与企业家袁述之捐资兴建的科学楼。在这之前，罗氏基金团来南开考察，并要求听课。邱宗岳教授用英文讲授了"定性分析"课，获得了一致好评。考察团认为这样高水平的课即使在美国大学也很难听到，于是决定捐款为学校建一座科学馆，因此有"邱先生的一堂课换来一幢楼"的说法。1925 年，思源堂正式投入使用。1937 年"七七事变"后，日军飞机轰炸南开校园，思源堂被毁。1945 年后，思源堂得以修复。

📦 校园风光

校钟

南开大学校钟坐落于主楼后广场上，高 1.937 米，寓意是南开人牢记 1937 年日寇侵华毁校的国耻、校耻。

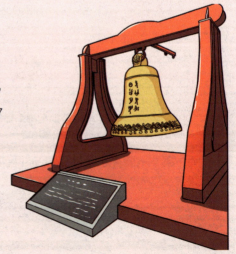

主楼

南开大学主楼建成于 1962 年，兼具苏联式风格及天津建筑传统。2003 年，进行了装修和翻新。主楼的设计沿中轴对称，气势恢宏，线条流畅。楼前广场开阔、大气，绿草茵茵，广场中间巍然挺立的周恩来总理雕像高大而伟岸。

思源堂

1923 年思源堂建成，共三层，具有西方古典主义建筑风格，名字取"饮水思源"之意。2019 年，思源堂入选第八批全国重点文物保护单位名单。

迦陵学舍

迦陵学舍启用于 2015 年，是为中华古典文化研究所所长、加拿大皇家学会院士叶嘉莹修建的住所，并以她的号命名，用于陈列叶先生收集的大量宝贵文献资料，以供研究者使用。

天津大学

实事求是

建校时间 1895 年

主 校 址 天津市南开区卫津路 92 号

学校类别 综合类大学

办学层次 "211 工程"大学、"985 工程"大学、"双一流"建设高校

知名校友		
	马寅初	经济学家、人口学家
	吴自良	材料科学家，中国科学院院士
茅以升		土木工程学家、桥梁专家，曾主持修建中国第一座现代化桥梁
叶培大		微波通信及光纤通信专家，中国科学院院士
彭一刚		建筑学专家，中国科学院院士，曾获第二届梁思成建筑奖

优势学科

　　化学工程与技术 A⁺　管理科学与工程 A⁺　机械工程 A　光学工程 A　仪器科学与技术 A　动力工程及工程热物理 A　建筑学 A　土木工程 A　水利工程 A　城乡规划学 A　软件工程 A　材料科学与工程 A⁻　环境科学与工程 A⁻ 等

<video /> 历史沿革

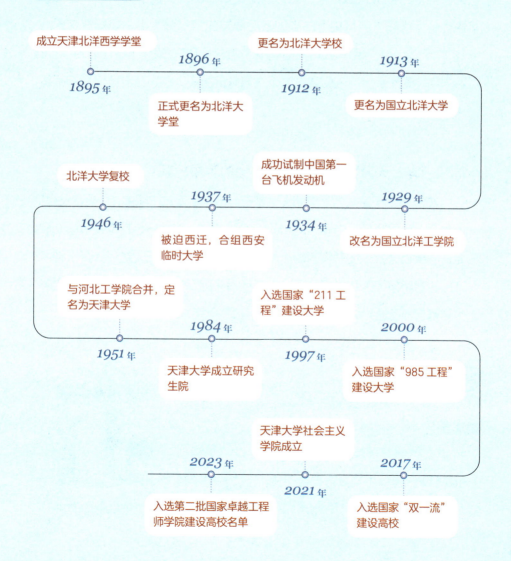

成立天津北洋西学学堂
1895 年

1896 年
正式更名为北洋大学堂

更名为北洋大学校
1912 年

1913 年
更名为国立北洋大学

北洋大学复校
1946 年

1937 年
被迫西迁，合组西安临时大学

成功试制中国第一台飞机发动机
1934 年

1929 年
改名为国立北洋工学院

与河北工学院合并，定名为天津大学
1951 年

1984 年
天津大学成立研究生院

入选国家"211 工程"建设大学
1997 年

2000 年
入选国家"985 工程"建设大学

天津大学社会主义学院成立
2023 年

2021 年
入选第二批国家卓越工程师学院建设高校名单

2017 年
入选国家"双一流"建设高校

天津大学为什么是"龙牌大学"？

天津大学的前身是 1895 年成立的天津北洋西学学堂（1896 年更名为北洋大学堂），由光绪皇帝御批官办成立，其建筑正门上方镶嵌着带有皇权色彩的"双龙戏珠"图案，因此有了"龙牌大学"的称谓。1900 年，第一位毕业生王宠惠获得了绘有蛟龙出海图样的"钦字第一号"考凭，这也是近代高等教育史上由中国政府颁发的第一张大学本科毕业文凭。1995 年，天津大学百年校庆之际建成了北洋纪念亭，该建筑设计运用了"龙牌大学"的元素，向人们述说着天大悠久的历史，也见证着北洋精神的薪火相传。

你知道吗？天津大学还有砸过牛顿的苹果树呢！

2007 年，天津大学代表团在牛顿故乡伍尔斯索普庄园的"牛顿苹果树"上剪下一段原枝条，带回国内培养。2015 年 3 月 20 日，其枝条被移栽到北洋园新校区郑东图书馆西侧。从此之后，这里成了天大学子必打卡地点之一，它所象征的科学精神薪火相传且历久弥新，让一代代学子得到更多科学追求的启迪和科技创新的灵感。

📦 校园风光

北洋纪念亭

北洋纪念亭是天津大学的标志性建筑之一，建造于 1995 年，通体由花岗岩砌合而成，上方刻有浮雕和"北洋大学堂 1895"几个大字，下方是由两根石柱顶起一个圆拱形成的拱形门。

第九教学楼

第九教学楼始建于 1953 年，见证了中华人民共和国成立以来天津大学的发展变化，成为天津大学的文化象征。

郑东图书馆

郑东图书馆位于天津大学北洋园校区，由校友郑东捐资修建。图书馆借鉴了中国传统建筑以庭院为中心的模式，营造了一个具有现代精神的文化场所，被天大师生亲切地称为"最美图书馆"。

新体育馆

新体育馆于 2005 年 10 月正式建成。这座体育馆呈方正造型，采用了地源热泵空调系统及低碳节能的设计，入选天津市 2010 年十大节能示范工程。

哈尔滨工业大学

规格严格，功夫到家

建校时间 1920 年

主 校 址 黑龙江省哈尔滨市南岗区西大直街 92 号

学校类别 理工类大学

办学层次 "211 工程" 大学、"985 工程" 大学、"双一流" 建设高校

知名校友		
焦裕禄	干部楷模，被评为 "100 位新中国成立以来感动中国人物" 之一	
尚志	载人航天工程载人飞船系统、空间实验室系统总指挥	
李静海	化学工程专家，中国工程院院士	
胡世祥	中国载人航天工程副总指挥	
郭力	中国汽车工业的开创者，被誉为 "新中国汽车第一人"	

👍 优势学科

机械工程 A⁺　环境科学与工程 A⁺　力学 A⁺　材料科学与工程 A⁺　计算机科学与技术 A　控制科学与工程 A　土木工程 A　软件工程 A　管理科学与工程 A　光学工程 A　电气工程 A　仪器科学与技术 A　动力工程与工程热物理 A⁻　信息与通信工程 A⁻　化学工程与技术 A⁻　城乡规划学 A⁻　建筑学 A⁻　数学 A⁻ 等

🎥 历史沿革

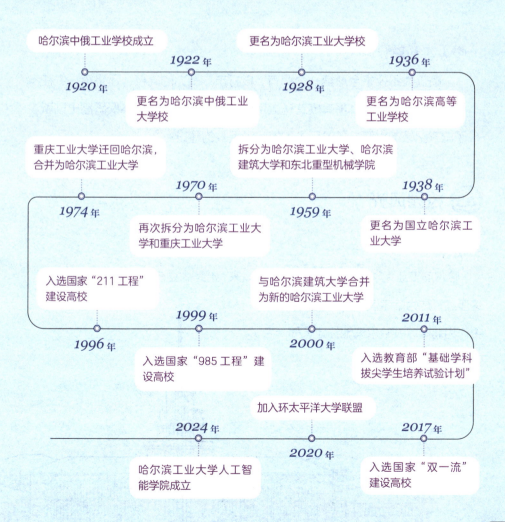

哈尔滨中俄工业学校成立
1922 年
更名为哈尔滨工业大学校
1936 年
1920 年
1928 年
更名为哈尔滨中俄工业大学校
更名为哈尔滨高等工业学校

重庆工业大学迁回哈尔滨，合并为哈尔滨工业大学
拆分为哈尔滨工业大学、哈尔滨建筑大学和东北重型机械学院
1970 年
1938 年
1974 年
1959 年
再次拆分为哈尔滨工业大学和重庆工业大学
更名为国立哈尔滨工业大学

入选国家"211 工程"建设高校
与哈尔滨建筑大学合并为新的哈尔滨工业大学
1999 年
2011 年
1996 年
2000 年
入选国家"985 工程"建设高校
入选教育部"基础学科拔尖学生培养试验计划"

加入环太平洋大学联盟
2024 年
2017 年
2020 年
哈尔滨工业大学人工智能学院成立
入选国家"双一流"建设高校

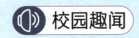 **校园趣闻**

感受哈工大的硬核航天科技

　　2020年9月，在A03学生公寓前和科学院基础科研楼前，两枚"大火箭"引人注目，成为必打卡的校园新地标。其中一枚火箭是长征五号运载火箭1∶5模型，碑石正面刻着"神舟揽月"，背面镌刻着"中国航天精神"；而另一枚置于科学院基础科研楼前的是长征一号运载火箭实物，所在广场被命名为"卧震苍穹"。

哈工大究竟有多牛？

　　哈工大不仅是全球第一个拥有"核打击"能力的高校，还是第一个在校园里发射卫星，并将其成功送上月球轨道的高校；这里不仅研制出刷新了国家纪录的火箭，还参与了国家超级天眼的建设。

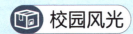 **校园风光**

主楼

　　哈尔滨工业大学主楼自1965年建成以来，始终屹立在哈尔滨西大直街南侧，这座建筑成为哈尔滨工业大学的象征，更作为北国冰城哈尔滨地标建筑而闻名。

图书馆

　　哈尔滨工业大学图书馆建于1920年，拥有各类借阅室、先进的电子阅览室、多功能报告厅和会议室，建有现代化的网络管理平台。

航天馆

　　哈尔滨工业大学航天馆始建于1986年，是全国高校中规模最大，展品种类最全、数量最多的航天主题展馆，也是东北地区唯一一座集航天科技实物和模型、航天知识介绍为一体的专业展馆。

《哈工大星》雕塑

　　《哈工大星》雕塑位于哈工大校园中心的广场上，广场由四个巨大的五角星组成，2010年3月30日，鉴于哈尔滨工业大学在世界最大的单口径望远镜工程建设中所做的突出贡献，小行星1996LN被命名为"哈工大星"。

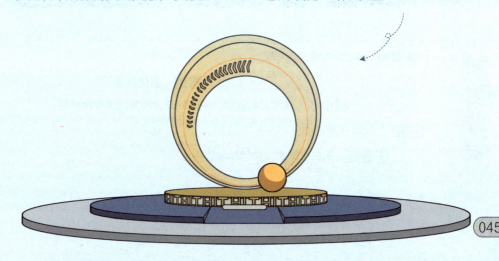

吉林大学

求实创新，励志图强

建校时间　1946 年

主 校 址　吉林省长春市朝阳区前进大街 2699 号

学校类别　综合类大学

办学层次　"211 工程"大学、"985 工程"大学、"双一流"建设高校

👍 优势学科

马克思主义理论 A⁺　考古学 A⁺　化学 A　数学 A　法学 A　物理学 A　地质资源与地质工程 A　政治学 A⁻　哲学 A⁻　计算机科学与技术 A⁻　生物学 A⁻　电子科学与技术 A⁻　材料科学与工程 A⁻　农业工程 A⁻　工商管理 A⁻ 等

🎥 历史沿革

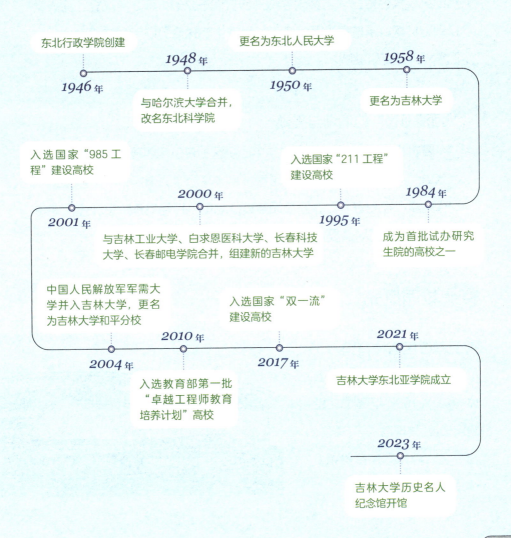

东北行政学院创建
1946 年

1948 年
与哈尔滨大学合并，改名东北科学院

更名为东北人民大学
1950 年

1958 年
更名为吉林大学

入选国家"985 工程"建设高校
2001 年

2000 年
与吉林工业大学、白求恩医科大学、长春科技大学、长春邮电学院合并，组建新的吉林大学

入选国家"211 工程"建设高校
1995 年

1984 年
成为首批试办研究生院的高校之一

中国人民解放军军需大学并入吉林大学，更名为吉林大学和平分校
2004 年

2010 年
入选教育部第一批"卓越工程师教育培养计划"高校

入选国家"双一流"建设高校
2017 年

2021 年
吉林大学东北亚学院成立

2023 年
吉林大学历史名人纪念馆开馆

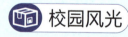

校园趣闻

"吉大之大，长春装不下"

    吉林大学由原吉林大学、吉林工业大学、白求恩医科大学、长春科技大学、长春邮电学院、中国人民解放军军需大学合并而成，校园占地面积达 734.59 万平方米，有 6 个校区 7 个校园，分布在长春市的不同方位。珠海科技学院（原吉林大学珠海学院），位居 2025 年软科中国民办高校排名第二。吉林大学珠海研究院于 2022 年 8 月成立，列入学校派出机构，原珠海校区综合办、研究生院珠海分院和南方研究院相关职能划入珠海研究院。

"河清海晏"的清湖与晏湖

    晏湖、清湖分别位于吉林大学中心校区的东部和西部，两湖遥相呼应，因成语"河清海晏"而得名，寓意是吉大校园"风清气正、宁静致远、严谨治学、祥和进步"，与校园建设规划的"日月同辉"设计理念完美地结合，表达了对清晏祥和的期许。

校园风光

前卫南校区老体育馆

    吉林大学前卫南校区老体育馆于 1998 年建成，包含篮球馆、排球馆、乒乓球馆、健身房、台球厅和体操馆 6 个分馆。

吉林大学博物馆

吉林大学博物馆始建于1952年,包括地质博物馆、考古与艺术博物馆2个分馆。博物馆集"科研、教学和科普"于一体,典藏丰富,资料积累也相当雄厚。

新民校区

吉林大学新民校区为原白求恩医科大学所在地,现名吉林大学白求恩医学部,设有基础医学院、公共卫生学院、护理学院、药学院、白求恩第一临床学院等8个学院,并有4所附属医院、1个制药厂。

麦克德尔米德实验室

麦克德尔米德实验室位于吉林大学前卫校区,于2001年建成,是我国高校第一个以诺贝尔奖获得者麦克德尔米德教授命名的实验室。楼内设有现代化的实验室、讲学厅、图书室等。

大连理工大学

团结、进取、求实、创新

建校时间　1949 年

主 校 址　辽宁省大连市甘井子区凌工路 2 号

学校类别　理工类大学

办学层次　"211 工程"大学、"985 工程"大学、"双一流"建设高校

知名校友

钱令希　工程力学专家，中国科学院院士

丁德文　海洋生态环境专家，中国工程院院士

侯毓汾　染料化学家、精细化工专家，中国染料化学专业创始人

王复明　土木工程专家，中国工程院院士

👍 优势学科

化学工程与技术 A⁺　机械工程 A　软件工程 A　力学 A　土木工程 A　管理科学与工程 A　工商管理 A　环境科学与工程 A⁻　材料科学与工程 A⁻　水利工程 A⁻ 等

🎥 历史沿革

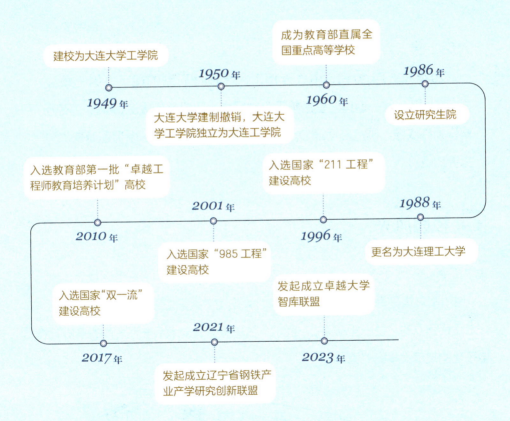

建校为大连大学工学院

1950 年

成为教育部直属全国重点高等学校

1986 年

1949 年

大连大学建制撤销，大连大学工学院独立为大连工学院

1960 年

设立研究生院

入选教育部第一批"卓越工程师教育培养计划"高校

入选国家"211 工程"建设高校

2001 年

1988 年

2010 年

1996 年

更名为大连理工大学

入选国家"985 工程"建设高校

入选国家"双一流"建设高校

发起成立卓越大学智库联盟

2021 年

2017 年

2023 年

发起成立辽宁省钢铁产业产学研究创新联盟

校园趣闻

谜一样的大工桥

大工桥连接北山学生公寓,因其台阶结构特别,走在上面会有一条腿长、一条腿短的错觉,因此被大工学子称为"范伟桥"。据悉,该桥设计时是没有台阶的,讲究的是圆润美,因没考虑到北方的天气情况,下雪时太滑,于是后加了台阶,又由于坡度小,就变成了现在的样子。

大连 1 号—连理卫星叩问苍穹

2023 年 5 月 10 日,由大连理工大学设计研制的辽宁省第一颗卫星——大连一号—连理卫星搭乘天舟六号货运飞船飞向太空,以验证高分辨率遥感成像、国产高可靠 OpenHarmony 操作系统等一系列创新技术为主要功能。

校园风光

伯川图书馆

伯川图书馆是为了纪念著名教育家、大连理工大学主要创始人之一——屈伯川博士而建立的,是一座融藏书、阅览、信息服务、学术系统为一体的多功能的、电子化的现代大学图书馆。

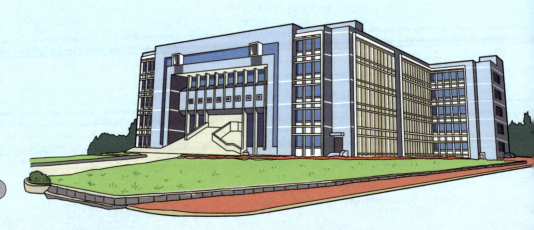

令希图书馆

　　令希图书馆于 2009 年建成，坐落于西校区，是以著名的力学家钱令希院士的名字命名的，是一座信息自动化程度高、管理先进的现代化大学图书馆。

刘长春体育馆

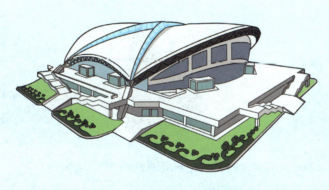

　　刘长春体育馆于 2003 年落成，是以一生都在大连理工大学从事体育教学工作的中国奥运第一人、"体育先驱"刘长春教授的名字命名的现代化综合体育馆。

盘锦校区

　　大连理工大学盘锦校区位于辽东湾新区，于 2013 年 9 月正式启用，是大连理工大学"一校、两地（大连市、盘锦市）、三区（大连凌水校区、开发区校区、盘锦校区）"办学的重要组成部分。

东北大学

自强不息，知行合一

建校时间　1923 年

主 校 址　辽宁省沈阳市和平区文化路三号巷 11 号

学校类别　理工类大学

办学层次　"211 工程"大学、"985 工程"大学、"双一流"建设高校

知名校友

闻邦椿	机械动力学和工程机械专家、力学教育家，中国科学院院士
柴天佑	控制理论和控制工程专家，中国工程院院士
郭小川	诗人
马加	作家
刘长春	中国第一位正式参加奥运会的运动员

👍 优势学科

控制科学与工程 A⁺　冶金工程 A　矿业工程 A　计算机科学与技术 A

材料科学与工程 A⁻　软件工程 A⁻　机械工程 A⁻ 等

🎥 历史沿革

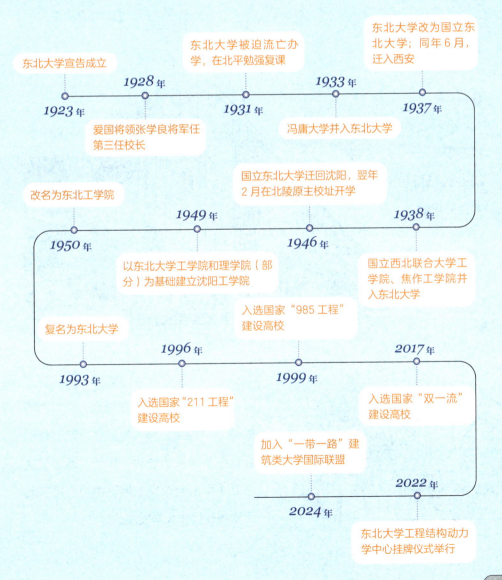

东北大学宣告成立
1923 年

1928 年
爱国将领张学良将军任
第三任校长

东北大学被迫流亡办
学，在北平勉强复课
1931 年

冯庸大学并入东北大学

1933 年

东北大学改为国立东
北大学；同年 6 月，
迁入西安
1937 年

改名为东北工学院
1950 年

1949 年
以东北大学工学院和理学院（部
分）为基础建立沈阳工学院

国立东北大学迁回沈阳，翌年
2 月在北陵原主校址开学
1946 年

1938 年
国立西北联合大学工
学院、焦作工学院并
入东北大学

复名为东北大学
1993 年

1996 年
入选国家"211 工程"
建设高校

入选国家"985 工程"
建设高校
1999 年

加入"一带一路"建
筑类大学国际联盟
2024 年

2017 年
入选国家"双一流"
建设高校

2022 年
东北大学工程结构动力
学中心挂牌仪式举行

055

 校园趣闻

"东北大学"知多少

　　东北大学是我国一所知名百年老校，坐落于辽宁省沈阳市，拥有深厚的爱国历史底蕴。在 1928 年 8 月到 1937 年 1 月期间，该校由爱国将领张学良担任校长。

校园风光

建筑馆

　　建筑馆是东北大学最别致的建筑之一，是理学院的办公场所和学生实验的场地。

汉卿会堂

　　汉卿会堂建成于 2003 年，外观为环形设计，共四层，集人物纪念、校史展览、会议服务等多功能为一体。汉卿会堂是东北大学的会议交流展览中心，是东北大学向现代化大学发展的标志。

宁恩承图书馆

宁恩承图书馆建成于1985年，为纪念东北大学老校友、原秘书长宁恩承先生而得名。图书馆坐南朝北的建筑设计，结合东西横向开放的布局，展现了海纳百川的宏伟气势。

"长征五号"运载火箭模型

2014年10月25日，长征五号运载火箭模型捐赠仪式在冶金学馆前的草坪上举行。中国运载火箭技术研究院按照长征五号运载火箭 1∶5 的比例制造并捐赠给东北大学，象征着双方深化合作、升华友谊和对未来的美好期望。

刘长春体育馆

刘长春体育馆建成于2008年，以中国奥运第一人——刘长春的名字命名的体育馆及塑像不仅是为纪念刘长春，也是为激励在校学生发奋成才、报效祖国。

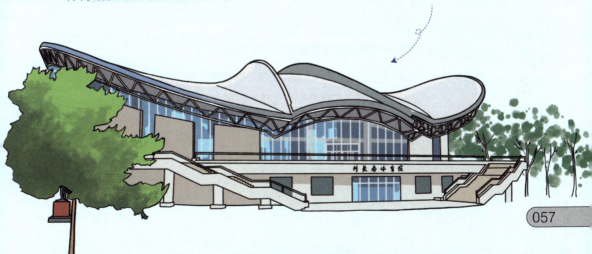

上海交通大学

饮水思源，爱国荣校

建校时间	1896 年
主 校 址	上海市闵行区东川路 800 号
学校类别	综合类大学
办学层次	"211 工程"大学、"985 工程"大学、"双一流"建设高校

知名校友

叶奇蓁　核反应堆及核电工程专家，中国工程院院士

徐光宪　物理化学家、无机化学家

姚明　中国前职业篮球运动员

马龙　中国男子乒乓球队运动员

丁俊晖　中国斯诺克运动员

👍 优势学科

生物学 A⁺ 机械工程 A⁺ 船舶与海洋工程 A⁺ 临床医学 A⁺ 工商管理 A⁺ 外国语言文学 A⁺ 生物学 A⁺ 基础医学 A⁺ 口腔医学 A⁺ 材料科学与工程 A⁺ 计算机科学与技术 A⁺ 管理科学与工程 A⁺ 动力工程及工程热物理 A 控制科学与工程 A 信息与通信工程 A 生物医学工程 A 设计学 A 数学 A 物理学 A 化学 A 等

🎥 历史沿革

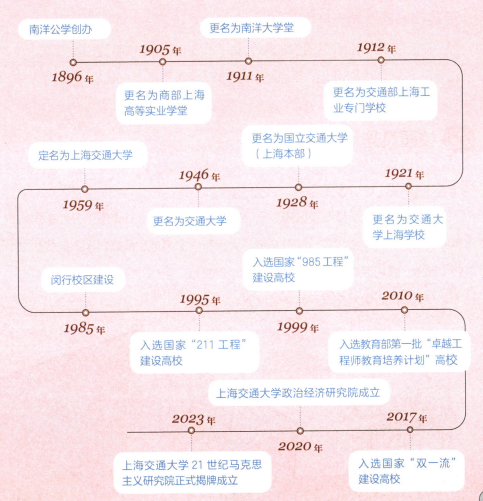

南洋公学创办 — 1896 年
1905 年 — 更名为南洋大学堂
更名为商部上海高等实业学堂 — 1911 年
1912 年 — 更名为交通部上海工业专门学校
更名为国立交通大学（上海本部） — 1921 年
更名为交通大学上海学校 — 1928 年
更名为交通大学 — 1946 年
定名为上海交通大学 — 1959 年
闵行校区建设 — 1985 年
入选国家"211工程"建设高校 — 1995 年
入选国家"985工程"建设高校 — 1999 年
入选教育部第一批"卓越工程师教育培养计划"高校 — 2010 年
入选国家"双一流"建设高校 — 2017 年
上海交通大学政治经济研究院成立 — 2020 年
上海交通大学21世纪马克思主义研究院正式揭牌成立 — 2023 年

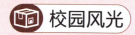

校园趣闻

你知道那座"拖鞋门"桥吗?

"拖鞋门"桥,本名叫作"思源门",出自校训"饮水思源,爱国荣校",位于东川路 800 号。这里最早是一座木桥,后来改成钢筋水泥桥。直到 1987 年,这座校门桥才正式建成。两根从桥南侧向空中拱起的弧形钢筋混凝土拱梁逐渐合为一根,最终落在桥的北端,整体结构看起来很像"人字拖鞋",因而得名。

穿越校园的铁路——七库线

在上海交大闵行校区的东北角处,有一条贯穿校园的铁路,它是七库线,由吴泾支线淡水桥站牵出,终点站为浦西站,全长不足 4 千米。

校园风光

钱学森图书馆

钱学森图书馆位于徐汇校区内,于 2011 年落成。馆内基本展览分为中国航天事业奠基人、科学技术前沿的开拓者、人民科学家风范和战略科学家的成功之道四个部分。馆内保存着钱学森近 8 万件珍贵文献、手稿、照片和实物,设有资料厅、专题展厅、学术交流厅等文化设施。

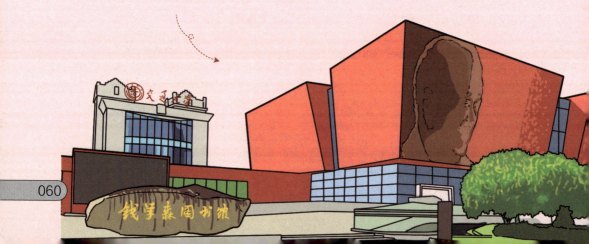

饮水思源碑

饮水思源碑最上方是交大的立体标志，底座是一块象征饮水思源精神的印章，下方的水池从中心喷水，向四方蔓延，再循环从中心涌出，象征着"思源校训"永驻人心，绵延不息。

凯旋门

凯旋门是上海交大闵行校区的南大门，由中间的凯旋门式大门和左右对称的东西柱廊组成，最高处18.96米，寓意为上海交通大学诞生于1896年。

霍英东体育中心

霍英东体育中心位于闵行校区内，于2007年建成启用，是一座功能全面、设施完备、全面开放的综合性体育馆，是上海交通大学的标志性建筑之一。

复旦大学

博学而笃志，切问而近思

建校时间　1905 年

主 校 址　上海市杨浦区邯郸路 220 号

学校类别　综合类大学

办学层次　"211 工程"大学、"985 工程"大学、"双一流"建设高校

知名校友

方守贤　加速器物理学家，中国科学院院士

胡思得　核武器工程专家，中国工程院院士

梁晓声　作家、编剧

包蕾　现代剧作家、童话作家、儿童文学家

虹影　英籍华裔女作家、诗人

优势学科

　　哲学 A⁺　理论经济学 A⁺　政治学 A⁺　中国史 A⁺　数学 A⁺　马克思主义理论 A⁺　中国语言文学 A⁺　新闻传播学 A⁺　物理学 A⁺　生物学 A⁺　公共卫生与预防医学 A⁺　基础医学 A⁺　生物学 A⁺　化学 A　临床医学 A　工商管理 A　应用经济学 A　社会学 A　生态学 A　药学 A　公共管理 A　电子科学与技术 A　外国语言文学 A⁻　中西医结合 A⁻ 等

历史沿革

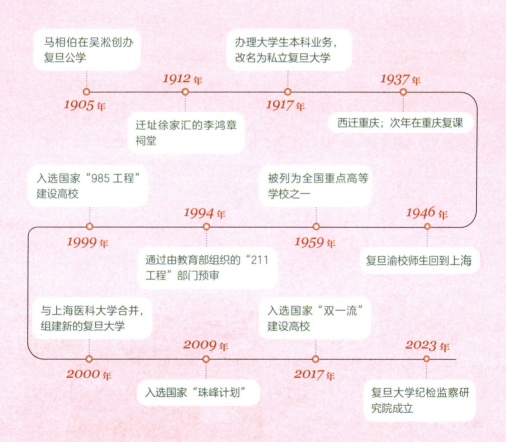

马相伯在吴淞创办复旦公学

办理大学生本科业务，改名为私立复旦大学

1912 年

1937 年

1905 年

1917 年

迁址徐家汇的李鸿章祠堂

西迁重庆；次年在重庆复课

入选国家"985 工程"建设高校

被列为全国重点高等学校之一

1994 年

1946 年

1999 年

1959 年

通过由教育部组织的"211 工程"部门预审

复旦渝校师生回到上海

与上海医科大学合并，组建新的复旦大学

入选国家"双一流"建设高校

2009 年

2023 年

2000 年

2017 年

入选国家"珠峰计划"

复旦大学纪检监察研究院成立

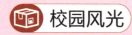
校园趣闻

复旦的两座"登辉堂"

抗日战争全面爆发后，当时的吴南轩代校长带领师生辗转西迁至重庆北碚。在那里，复旦修建的第一幢建筑是以老校长李登辉的名字命名的登辉堂。1946 年 7 月，复旦大学由重庆迁回上海，时任校长章益筹集了资金，在校园内建造了一幢小楼，命名为"登辉堂"，以纪念李登辉。1984 年，为了纪念复旦创始人马相伯和李登辉两位先生，重修后的"登辉堂"改名为"相辉堂"。

复旦大学的校庆日是哪天？

复旦的校庆日最初定于 1905 年 9 月 13 日，即复旦公学开学的日子。1913 年，时任校长的李登辉将校庆日改为 9 月 14 日。抗战全面爆发后，复旦大学内迁北碚，定 5 月 5 日为立校纪念日（校庆日）。1950 年，陈望道校长提出以上海解放日 5 月 27 日为校庆日，而这一天也是复旦公学正式使用"复旦"一词的日子。

校园风光

老校门

老校门位于邯郸路校区燕园西侧，是一座飞檐翘角的牌坊式校门。2004 年，为庆祝百年校庆，在原址复建，以供观瞻和纪念，成为复旦大学的标志性建筑。

光华楼

复旦大学于 2005 年迎来建校一百周年时，落成了光华楼。光华楼由东、西塔楼组成，高达 142 米，拥有国际一流水准的教学设施，被誉为"中国高校第一楼"。

逸夫楼

逸夫楼位于邯郸校区北区，于 1991 年建成，由香港实业家邵逸夫先生捐赠兴建，总建筑面积 5770 平方米，1992 年投入使用。

李兆基图书馆

李兆基图书馆，位于江湾校区内，因李兆基先生捐赠而得名。图书馆在馆舍布局和服务功能设计上运用了"信息共享空间"（Information Commons，简称 IC）的理念，提供开放存取的一站式服务及协作学习环境。

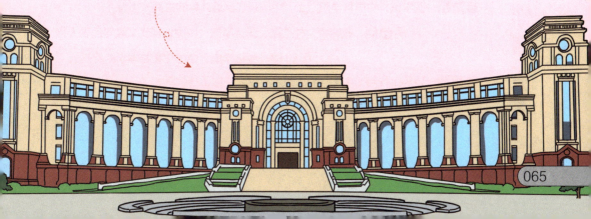

同济大学

同舟共济

建校时间 1907 年

主 校 址 上海市杨浦区四平路 1239 号

学校类别 综合类大学

办学层次 "211 工程"大学、"985 工程"大学、"双一流"建设高校

知名校友

裘法祖 医学家，中国科学院院士，中国现代普通外科的主要开拓者

厉麟似 教育家、外交家、语言学家，中国近现代文教界代表人物

贝时璋 生物学家，中国生物物理学的奠基人

叶可明 建筑工程与土木工程施工技术专家，中国工程院院士

王澍 建筑学家、建筑设计师，2012 年普利兹克奖获得者

👍 优势学科

土木工程 A⁺　环境科学与工程 A⁺　城乡规划学 A⁺　管理科学与工程 A⁺　设计学 A⁺　生物学 A　海洋科学 A　工商管理 A　外国语言文学 A　计算机科学与技术 A　建筑学 A　交通运输工程 A　风景园林学 A　马克思主义理论 A⁻　数学 A⁻　物理学 A⁻　软件工程 A⁻ 等

🎞 历史沿革

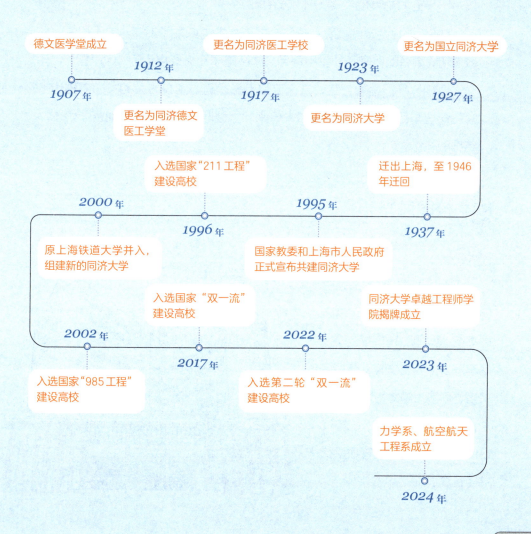

德文医学堂成立　　　　　更名为同济医工学校　　　　　更名为国立同济大学
1912 年　　　　　　　　　　**1923 年**
1907 年　　　　　　　**1917 年**　　　　　　**1927 年**
　更名为同济德文医工学堂　　　　更名为同济大学

入选国家"211 工程"建设高校　　　　　　　迁出上海，至 1946 年迁回
2000 年　　　　　　　**1995 年**
　　　　　1996 年　　　　　　　**1937 年**
原上海铁道大学并入，组建新的同济大学　　　国家教委和上海市人民政府正式宣布共建同济大学

入选国家"双一流"建设高校　　　　　同济大学卓越工程师学院揭牌成立
2002 年　　　　　　　**2022 年**
　　　　2017 年　　　　　　**2023 年**
入选国家"985 工程"建设高校　　　入选第二轮"双一流"建设高校

力学系、航空航天工程系成立
2024 年

🔊 校园趣闻

同济大学校名的秘密

同济大学校名中的"同济"二字最初起源并非"同舟共济",而是源于其前身由德国人在上海创办的"德文医学堂",因为"同济"二字与德国"Deutsch(德意志)"的上海话谐音相近,因而得此名。

传闻中的"大草棚"是干什么用的?

1952 年,全国院校院系调整,同济大学也扩大了规模。由于招生人数增加,原有的教室和礼堂不够用,就修建了礼堂兼食堂的"大草棚"。"大草棚"平日里为食堂,周末放映电影,有时全校大会和文艺演出也会在这里举行。至 1957 年,"大草棚"因破旧而被拆,在原地盖了砖木结构的礼堂。

📦 校园风光

图书馆

同济大学现在的图书馆由四平路校区图书馆、嘉定校区图书馆、医学图书馆沪西校区、医学图书馆沪北校区、德文图书馆、同济大学博物馆组成,总面积 75323 平方米,各校区间使用统一的集成管理系统并实行统借统还。

国立柱

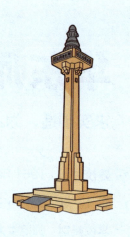

国立柱也叫同济大学华表，位于四平路校区南北楼前草坪中央。国立柱本是苏州明末清初的实木牌楼的一部分，准备当作校门未果，而被就地掩埋。2000 年，国立柱在校园整治中被挖出，重新装顶，立于此处。

校史馆

同济大学校史馆位于本部校区东北部，于 2007 年同济大学百年校庆之际建成并投入使用，是校区建筑沿四平路城市界面的节点之一。

衷和楼

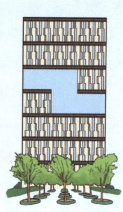

同济大学衷和楼位于四平路校区的东北角，是为庆祝同济建校百年而建造的一幢集教学、科研、办公等多项功能于一体的综合性建筑。

大礼堂

同济大学大礼堂建成于 1962 年，由同济大学建筑设计研究院建筑师黄家骅、胡纫茉和结构工程师俞载道、冯之椿设计。

华东师范大学

求实创造，为人师表

建校时间	1951 年
主 校 址	上海市中山北路 3663 号
学校类别	师范类大学
办学层次	"211 工程"大学、"985 工程"大学、"双一流"建设高校

知名校友

王建磐　数学专家，国际欧亚科学院院士，华东师大数学系教授

刘雪庵　近现代作曲家、音乐理论家

赵丽宏　作家、散文家

刘翔　中国男子田径队原运动员

傅琰东　魔术师，傅氏魔术第四代传人

👍 优势学科

教育学 A⁺　统计学 A⁺　体育学 A⁺　中国语言文学 A　世界史 A　数学 A　地理学 A　软件工程 A　马克思主义理论 A　心理学 A　外国语言文学 A⁻　生态学 A⁻　物理学 A⁻ 等

🎥 历史沿革

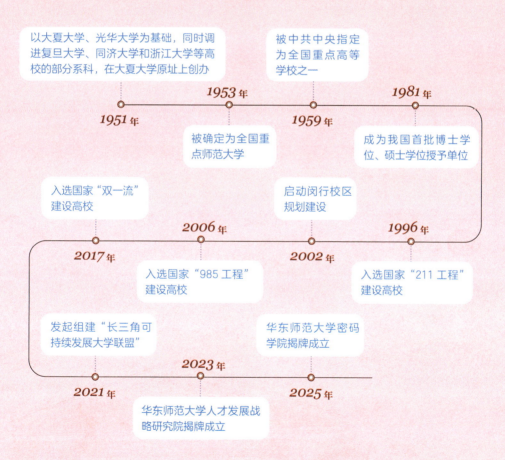

以大夏大学、光华大学为基础，同时调进复旦大学、同济大学和浙江大学等高校的部分系科，在大夏大学原址上创办

被中共中央指定为全国重点高等学校之一

1951 年

1953 年

1959 年

1981 年

被确定为全国重点师范大学

成为我国首批博士学位、硕士学位授予单位

入选国家"双一流"建设高校

启动闵行校区规划建设

2017 年

2006 年

2002 年

1996 年

入选国家"985 工程"建设高校

入选国家"211 工程"建设高校

发起组建"长三角可持续发展大学联盟"

华东师范大学密码学院揭牌成立

2021 年

2023 年

2025 年

华东师范大学人才发展战略研究院揭牌成立

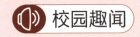 **校园趣闻**

丽娃河的名字来历

丽娃河，原属于吴淞江（苏州河）截弯取直时留下的一部分。1951 年后，华东师大逐步改建河道，将"U"形河道填截为东西两河段，即今文科大楼到研究生院的小河。之所以叫丽娃河，是因为一部叫作《丽娃栗妲》的电影，电影的同名歌曲是一首爱情诗，翻译成的中文歌词中的第一句中就用了"丽娃河"一词，从此丽娃河三字便传开了。

华东师范大学的前身知多少

1952 年，华东师范大学以大夏大学和光华大学这两所学校为前身，同时并入复旦大学、浙江大学、同济大学和圣约翰大学等高校的部分科系，在大夏大学的原址上创办的。

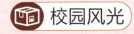 **校园风光**

思群堂

思群堂，位于中山北路校区丽娃河畔，始建于 1946 年，以纪念已故校长王伯群而得名。

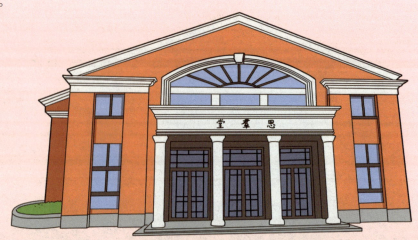

图书馆

华东师范大学图书馆由闵行校区图书馆和普陀校区图书馆组成，总面积约5.6万平方米，其中老馆建于1951年，闵行校区图书馆建于2006年。

群贤堂

群贤堂又称"文史楼"，修建于1930年，是华东师范大学最古老的一栋建筑，吕思勉、施蛰存、王元化等一大批人文科学的泰斗都曾在这里执教，鲁迅也曾在这儿发表过演讲。它是师大之象征，文脉之所在，也是文化气息最浓厚的地方。

尚义桥

尚义桥俗称"环龙桥"，明宣德二年（1427年），蒋性中登科进士后，用御赐建坊的钱财在莺窦湖上修建此桥，方便邻里通行，由此得名"尚义桥"。两边桥面石阶各12级，顶心石浮雕蕖花纹，两侧额石均刻阳文楷书"尚义桥"。

南京大学

诚朴雄伟，励学敦行

建校时间	1902 年
主 校 址	江苏省南京市栖霞区仙林大道 163 号
学校类别	综合类大学
办学层次	"211 工程"大学、"985 工程"大学、"双一流"建设高校

知名校友

吕叔湘　语言学家、语文教育家，中国科学院学部委员

闵乃本　晶体物理学家，中国科学院院士

向达　历史学家、考古学家，中国科学院学部委员

吴良镛　建筑学家、城乡规划家，中国科学院和中国工程院两院院士

张嘉佳　作家、编剧

👍 优势学科

天文学 A⁺　地质学 A⁺　工商管理 A⁺　信息资源管理 A⁺　地质学 A⁺　中国语言文学 A⁺　外国语言文学 A⁺　物理学 A⁺　计算机科学与技术 A⁺　环境科学与工程 A⁺　中国史 A　软件工程 A　生物学 A　哲学 A　社会学 A　理论经济学 A　法学 A　数学 A　生态学 A　电子科学与技术 A　世界史 A⁻　应用经济学 A⁻ 等

🎥 历史沿革

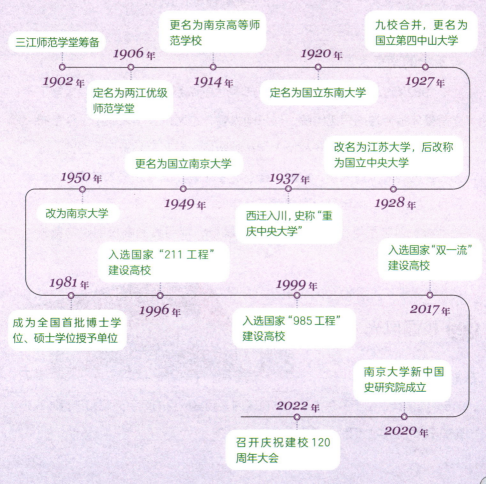

三江师范学堂筹备
1902 年

更名为南京高等师范学校
1906 年
定名为两江优级师范学堂

1914 年
1920 年
定名为国立东南大学

九校合并，更名为国立第四中山大学
1927 年

改名为江苏大学，后改称为国立中央大学

1950 年
更名为国立南京大学
1949 年
改为南京大学

1937 年
西迁入川，史称"重庆中央大学"

1928 年

1981 年
成为全国首批博士学位、硕士学位授予单位

入选国家"211 工程"建设高校
1996 年

1999 年
入选国家"985 工程"建设高校

入选国家"双一流"建设高校
2017 年

南京大学新中国史研究院成立

2022 年
召开庆祝建校 120 周年大会

2020 年

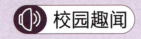 **校园趣闻**

"有三千三百名学生就有三千三百张课表"

  人才培养体系是南京大学独创的模式，又称"三三制"。第一个"三"指大类培养、专业培养和多元培养；第二个"三"指多元培养阶段，又设计了专业学术、就业创业和交叉复合三个发展途径。"三三制"的核心就是一切以学生为中心，给予学生充分的自由选择权，通过百分百的课程开放实现百分百的专业和发展路径的自由选择。在这种模式下，学生有三个专业分流的过程和三次跨学科专业选择的机会，包括新生拔尖计划的二次选拔以及大一下学期、大二下学期的转专业机会。

被拆分的南京大学

  1952 年，南京大学经历过一次非常大的院系调整，如原南京大学工学院整体拆分为南京工学院，现东南大学；原南京大学无线电工程系搬迁至成都，即现在的电子科技大学；原南京大学航空系搬迁至西安，成为今天的西北工业大学；食品工程系迁至无锡，成为江南大学的前身；另外，水利系、化学系、农学院、林学院、政法系、外语系、体育系、经济系、哲学系等系院或拆分为独立院校，或与其他高校组建为新的高校。

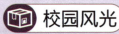 **校园风光**

方肇周体育馆

  方肇周体育馆位于南京大学仙林校区内，因其醒目的红色外观和独特的双方块叠加设计，被学生们称为"火立方"。

北大楼

　　南京大学北大楼即原金陵大学钟楼，建于 1919 年，位于鼓楼校区内，建筑风格既融合了西式风格，又保持了中国传统的建筑特色，是南京大学地标性建筑。

杜厦图书馆

　　2009 年杜厦图书馆落成，位于仙林校区内，由南京大学杰出校友杜厦先生捐资建设，是中国唯一一座双枢纽管理体系的智能化信息图书馆。

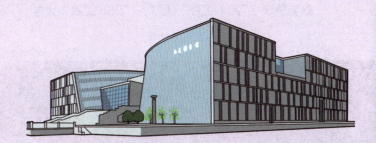

大礼堂

　　南京大学大礼堂建成于 1918 年，位于鼓楼校区内，整体仿造中国古代庙宇，砖木结构，外墙为明代城墙砖砌筑，是原金陵大学现存最早的建筑物。

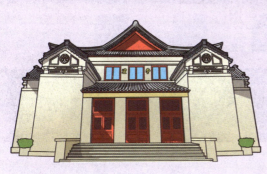

左涤江天文台

　　左涤江天文台于 2014 年正式启用，位于仙林校区内，由香港左涤江基金会捐资助建，是南京大学天文与空间科学学院的教学场所。

东南大学

止于至善

建校时间　1902 年

主 校 址　江苏省南京市玄武区四牌楼 2 号

学校类别　综合类大学

办学层次　"211 工程"大学、"985 工程"大学、"双一流"建设高校

知名校友

吴健雄　世界著名实验原子核物理学家，被誉为"东方居里夫人"

程泰宁　建筑学专家，中国工程院院士

闵桂荣　工程热物理学及空间技术专家，中国科学院和中国工程院两院院士

严济慈　物理学家，中国科学院院士，中国研究水晶压电效应第一人

刘盛纲　电子物理学家，中国科学院学部委员

👍 优势学科

建筑学 A⁺　土木工程 A⁺　交通运输工程 A⁺　生物医学工程 A⁺　艺术学理论 A⁺　电子科学与技术 A⁺　仪器科学与技术 A　风景园林学 A　城乡规划学 A　信息与通信工程 A　控制科学与工程 A⁻　管理科学与工程 A⁻　法学 A⁻　数学 A⁻　电气工程 A⁻　动力工程及工程热物理 A⁻ 等

🎥 历史沿革

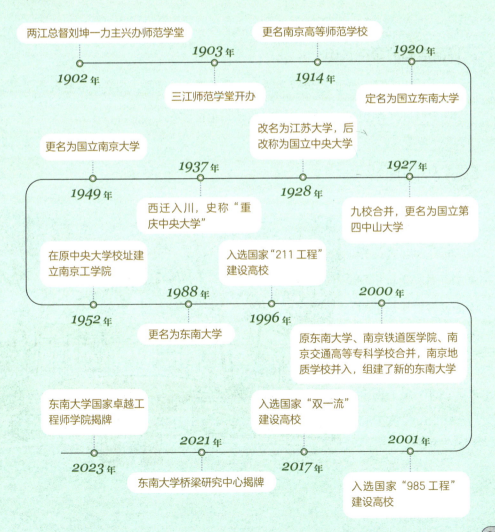

两江总督刘坤一力主兴办师范学堂
1903年 — **1902**年
三江师范学堂开办

更名南京高等师范学校
1920年 — **1914**年
定名为国立东南大学

改名为江苏大学，后改称为国立中央大学
更名为国立南京大学
1937年 — **1949**年　**1928**年 — **1927**年
西迁入川，史称"重庆中央大学"
九校合并，更名为国立第四中山大学

在原中央大学校址建立南京工学院
入选国家"211工程"建设高校
1988年 — **1952**年　**1996**年 — **2000**年
更名为东南大学
原东南大学、南京铁道医学院、南京交通高等专科学校合并，南京地质学校并入，组建了新的东南大学

东南大学国家卓越工程师学院揭牌
入选国家"双一流"建设高校
2021年 — **2023**年　**2017**年 — **2001**年
东南大学桥梁研究中心揭牌
入选国家"985工程"建设高校

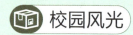
六朝松的"真面目"

六朝松位于校园西北，相传为六朝时期遗存，是金陵城最古老的树木之一，如今已成为东南大学的精神图腾。"古堞烟埋宫井树，陈主吴姬堕泉处"，六朝宫苑已不复找寻，唯此松历经千年，饶有生意。不过，据著名林学家马大浦、黄宝龙鉴定，其学名为"桧柏"，属圆柏类。只因大部分人松柏不分，才这样叫的。

瑰丽浩瀚的星空长廊

东南大学的星空长廊是教学楼一到教学楼三的走廊，由学校教务处布置，用于文化展示、小工坊、咖啡吧、项目路演等。

校园风光

大礼堂

东南大学大礼堂建成于 1931 年，是中国传统文化与西方现代文明交汇融合、建筑艺术互相影响激荡的结晶，被海内外校友视为母校象征。

孟芳图书馆

孟芳图书馆于 1922 年立基，1923 年建成，以资助人齐燮元之父齐孟芳之名命名。整体建筑尺度协调统一，装饰细节考究精致。

九龙湖校区体育馆

九龙湖校区体育馆由一个主馆和四个副馆组成。主馆可用于国内一般比赛和学校大型活动；三个副馆为单层篮排球场，另一个为两层武术、健身、乒乓球等场地。

百年鼎

百年鼎位于四牌楼校区内，原国立中央大学九鼎之一，是东南大学百年辉煌和百年变迁的证明。

梅庵

梅庵位于四牌楼校区西北角，为缅怀两江师范学堂校长李瑞清（字梅庵）所修建。

浙江大学

求是创新

建校时间 1897 年

主 校 址 浙江省杭州市西湖区余杭塘路 866 号

学校类别 综合类大学

办学层次 "211 工程"大学、"985 工程"大学、"双一流"建设高校

知名校友

李政道 美籍华裔物理学家，中国科学院外籍院士，诺贝尔物理学奖获得者

程开甲 理论物理学家，中国科学院院士

束星北 理论物理学家，被誉为"中国雷达之父"

李杭育 作家

胡品清 作家、文学翻译家

👍 优势学科

农业工程 A⁺　光学工程 A⁺　农业资源与环境 A⁺　控制科学与工程 A⁺　数学 A⁺　植物保护 A⁺　软件工程 A⁺　农林经济管理 A⁺　计算机科学与技术 A⁺　生态学 A⁺　药学 A⁺　园艺学 A⁺　外国语言文学 A⁺　机械工程 A⁺　动力工程及工程热物理 A⁺　土木工程 A⁺　化学工程与技术 A⁺　药学 A⁺　管理科学与工程 A⁺　公共管理 A⁺　材料科学与工程 A　环境科学与工程 A　中国语言文学 A　理论经济学 A　法学 A　理论经济学 A 等

🎬 历史沿革

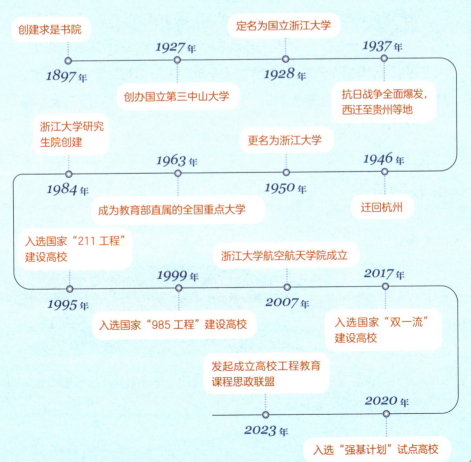

创建求是书院
1897 年

1927 年
创办国立第三中山大学

定名为国立浙江大学
1928 年

1937 年
抗日战争全面爆发，西迁至贵州等地

浙江大学研究生院创建
1984 年

1963 年
成为教育部直属的全国重点大学

更名为浙江大学
1950 年

1946 年
迁回杭州

入选国家"211 工程"建设高校
1995 年

1999 年
入选国家"985 工程"建设高校

浙江大学航空航天学院成立
2007 年
发起成立高校工程教育课程思政联盟

2017 年
入选国家"双一流"建设高校

2020 年
入选"强基计划"试点高校

2023 年

"4个2换成一个王"

1998年，浙江省将原浙江大学、杭州大学、浙江农业大学和浙江医科大学合并为新浙江大学，组建综合大学。其中，原浙江大学为首批进入"211工程"的院校，其他三所大学也分别通过了"211工程"预审和立项论证。这就意味着浙江全省4所"211"院校合并成了1所"985"院校，如今，浙江省只有浙江大学1所"985""211"高校。

88米超级大校门

浙江大学紫金港校区南大门长约88米，高14.6米，位于紫金港校区西区。大门通过一号桥、二号桥与余杭塘路连通，是紫金港校区的主校门。大门采用三段式立面设计，红白相间，设有5个拱门，立柱采用多立克柱式，共6根，中间两根分别篆刻着校训"求是""创新"，另外四根分别篆刻着"勤学""修德""明辨""笃实"。

校园风光

求是大讲堂

求是大讲堂位于浙江大学紫金港校区，是校区的核心建筑，采用传统

歇山建筑形式，保留及还原了"求是书院"旧址的文化元素，既是校园内独特的景观，又是浙江大学的文化传承。

钟楼

钟楼位于浙江大学之江校区，建成于1936年，因顶楼安装有机械鸣钟而得名，是最具校园标志性意义的建筑。

月牙楼

月牙楼位于紫金港校区中心岛上，北邻北山，南接启真湖，因外形酷似弯月而得名，是浙大校园的标志性建筑之一。

图书馆

浙江大学图书馆是中国历史最悠久的大学图书馆之一，其前身是求是书院藏书楼，现由紫金港校区的主馆、基础馆、农医馆、古籍馆、方闻馆、玉泉分馆、西溪分馆、华家池分馆组成。

国际联合学院

2016年，浙江大学国际联合学院正式成立，是浙江大学七个校区之一。该学院实行"以我为主、一对多、高水平"的国际合作办学模式，与60余所世界名校建立合作，成立多个国际合作研究中心和平台。

中国科学技术大学

红专并进，理实交融

建校时间 1958 年

主 校 址 安徽省合肥市包河区金寨路 96 号

学校类别 理工类大学

办学层次 "211 工程"大学、"985 工程"大学、"双一流"建设高校

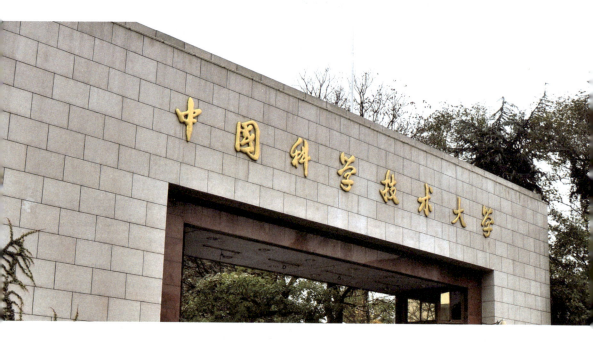

知名校友

曹原　教育科研工作者

　　　　朱清时　物理化学家、教育家，中国科学院院士

管平潮　作家

　　　　孙和平　大地测量和地球物理学家，中国科学院院士

　　常进　天文学家，中国科学院院士

👍 优势学科

物理学 A⁺　化学 A⁺　天文学 A⁺　地球物理学 A⁺　科学技术史 A⁺　核科学与技术 A⁺　安全科学与工程 A⁺　数学 A⁺　生物学 A⁺　管理科学与工程 A　工商管理 A　材料科学与工程 A　计算机科学与技术 A　环境科学与工程 A⁻　力学 A⁻　统计学 A⁻ 等

🎬 历史沿革

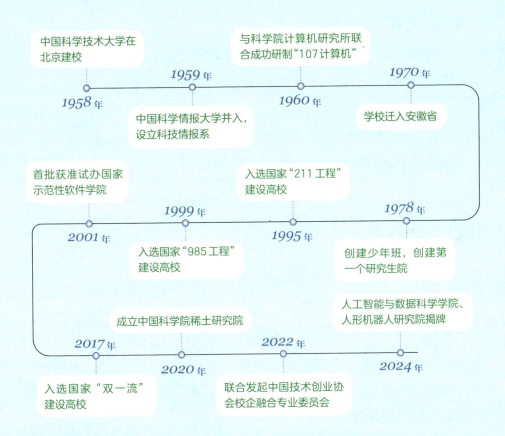

中国科学技术大学在北京建校

与科学院计算机研究所联合成功研制"107计算机"

1959 年

1970 年

1958 年

1960 年

中国科学情报大学并入，设立科技情报系

学校迁入安徽省

首批获准试办国家示范性软件学院

入选国家"211工程"建设高校

1999 年

1978 年

2001 年

1995 年

入选国家"985工程"建设高校

创建少年班，创建第一个研究生院

人工智能与数据科学学院、人形机器人研究院揭牌

成立中国科学院稀土研究院

2017 年

2022 年

2020 年

2024 年

入选国家"双一流"建设高校

联合发起中国技术创业协会校企融合专业委员会

📢 校园趣闻

非同寻常的中科大

中国科学技术大学在国内顶级大学中非同寻常。首先，中科大严格控制招生数量，不会无节制地扩招；其次，中科大不会为争取经费支持而大量扩充专业，哪怕是热门专业；最后，中科大的学生可以自主选择专业，且有专门的教授指导哟。

精准定位的"隐形补助"

在中科大，学生的"校园一卡通"可满足校园的日常消费，且设定了消费情况预警线。学校学生处与网络中心、饮食中心、财务处等部门联合，按月对学生在校内用餐情况进行统计，并通过"一卡通"系统自动"锁定"，生成该学生的数据库。这时，无须学生自己申请补助，学生处便会主动核实情况，并在其"一卡通"账户中存入补助。

📦 校园风光

图书馆

中国科学技术大学图书馆由东区、西区、南区和高新区 4 座馆舍组成，建筑总面积约 8 万平方米，是"中国科学院文献情报中心特色分馆"。西区"图书馆"三个字为启功先生所题。

生命科学学院

生命科学学院是中国科学技术大学的一个二级学院，它的前身是由著名科学家贝时璋于1958年创建的生物物理系。

专家楼

专家楼位于中科大东区，实际是一处招待所。举行会议时，专家楼优先招待与会人员，楼内提供自助餐及点餐服务。

先进技术研究院

先进技术研究院是中国科学技术大学与安徽省、中国科学院、合肥市联合，按照"省院合作、市校共建"的原则建设的区域产业技术创新研究院，专注于高技术研发与应用，以及高端应用人才培养，是学校创建世界一流研究型大学的重要组成部分。

厦门大学

自强不息，止于至善

建校时间 1921 年

主 校 址 福建省厦门市思明区思明南路 422 号

学校类别 综合类大学

办学层次 "211 工程"大学、"985 工程"大学、"双一流"建设高校

知名校友	
余光中	作家、诗人、翻译家
陈景润	数学家，中国科学院院士
张存浩	物理化学家、激光化学家，中国科学院院士
潘懋元	教育家，中国高等教育学学科开拓者与奠基人
谢希德	固体物理学家、教育家，中国科学院院士

👍 优势学科

生物学 A⁺ 海洋科学 A⁺ 化学 A⁺ 统计学 A⁺ 应用经济学 A 工商管理 A 教育学 A 生态学 A 法学 A⁻ 理论经济学 A⁻ 数学 A⁻ 化学工程与技术 A⁻ 戏剧与影视学 A⁻ 社会学 A⁻ 公共管理 A⁻ 马克思主义理论 A⁻ 等

🎥 历史沿革

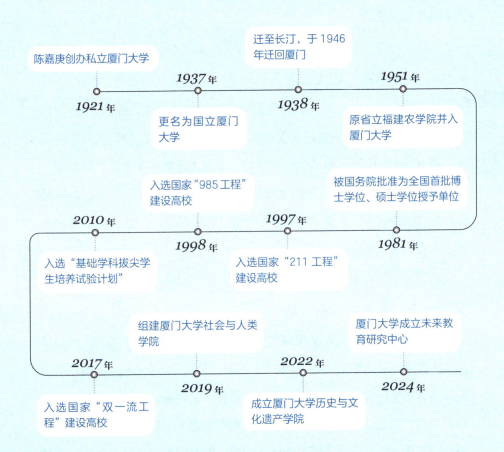

迁至长汀，于 1946 年迁回厦门
1937 年

陈嘉庚创办私立厦门大学
1951 年

1921 年

更名为国立厦门大学
1938 年

原省立福建农学院并入厦门大学

入选国家"985 工程"建设高校

被国务院批准为全国首批博士学位、硕士学位授予单位

2010 年
1997 年

1998 年
1981 年

入选"基础学科拔尖学生培养试验计划"

入选国家"211 工程"建设高校

组建厦门大学社会与人类学院

厦门大学成立未来教育研究中心

2017 年
2022 年

2019 年
2024 年

入选国家"双一流工程"建设高校

成立厦门大学历史与文化遗产学院

藏在厦大的"演武场"

厦门大学演武运动场是在郑成功演武场遗址上建立起来的，故沿用"演武"二字至今。据记载，现校园群贤楼的地方原有一个演武亭，郑成功曾在此选将练兵，训练出一支"铁人军"，成为收复台湾的主力。后来，在校园同安楼后面的八角亭花园中发现一块"练胆"石刻，现存于鼓浪屿郑成功纪念馆。自运动场建立以来，不管是重修或重建，"演武"二字与空间方位均不曾改变。

闪耀在宇宙中的"厦大之星"

在浩瀚的宇宙中，有几颗小行星都和厦大有关。第 2963 号小行星为"陈嘉庚星"，陈嘉庚是著名爱国华侨、教育家、慈善家，厦门大学的创始人；第 3609 号小行星为"李陆大星"，李陆大是著名实业家、慈善家，厦门大学校友；另外，还有第 3797 号小行星"余青松星"、第 3844 号小行星"卢嘉锡星"、第 7681 号小行星"陈景润星"、第 19282 号小行星"张存浩星"等。

芙蓉隧道：最长的涂鸦隧道

厦门大学校园内有一条极具艺术气息的隧道——芙蓉隧道，西起芙蓉园学生食堂，东至学生公寓，全长 1.1 千米，仅供行人及非机动车辆通行。隧道内有各式各样的涂鸦，涉及离别、爱情、艺术等，每过一段时间就会重新粉刷，因此，不同时间穿越隧道，看到的是不一样的风景。不过，欣赏涂鸦时不可能乱涂乱画哟，想留下印记，需要提前向学校有关部门申请才行。

校园风光

群贤楼

群贤楼由爱国华侨黄奕住捐建。"群贤"二字源自晋代王羲之《兰亭序》中的"群贤毕至，少长咸集"之句，饱含对厦门大学师生的赞誉与愿望。

建南大礼堂

建南大礼堂建成于1954年，建筑风格古典与现代相结合，气势恢宏，成为古今、中西相结合，博采众长的一大独特景观。建南楼群秉承嘉庚建筑的"一主四从"传统布局，五幢建筑弧形排开，面向大海，环抱美丽的上弦场，是厦门市的标志性建筑之一。

恩明楼

坐落于芙蓉湖畔的恩明楼，即厦门大学科学艺术中心，由萧恩明先生于2006年厦门大学85周年校庆之际捐资建造，内设大型报告厅、音乐厅、展览馆等，是厦门大学大中型学术报告场所和文化艺术展览中心。

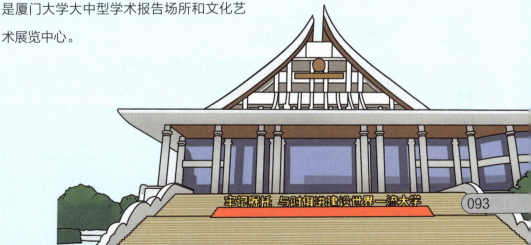

山东大学

学无止境，气有浩然

建校时间	1901 年
主 校 址	山东省济南市历城区山大南路 27 号
学校类别	综合类大学
办学层次	"211 工程"大学、"985 工程"大学、"双一流"建设高校

知名校友

臧克家　现代诗人，作家

王小云　密码学家，中国科学院院士

胡海岩　力学专家，中国科学院院士

马大为　中国科学院院士

薛其坤　材料物理学家，中国科学院院士

👍 优势学科

数学 A⁺　马克思主义理论 A　中国语言文学 A　外国语言文学 A　控制科学与工程 A　考古学 A⁻　临床医学 A⁻　药学 A⁻　工商管理 A⁻　应用经济学 A⁻　法学 A⁻　物理学 A⁻　化学 A⁻　生物学 A⁻　软件工程 A⁻　机械工程 A⁻　环境科学与工程 A⁻ 等

🎬 历史沿革

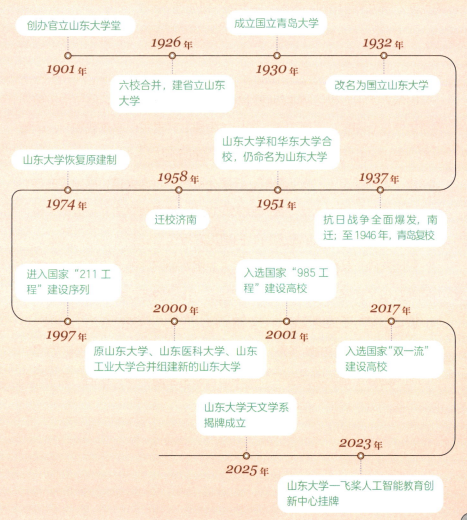

创办官立山东大学堂
1926 年
成立国立青岛大学
1932 年
1901 年
六校合并，建省立山东大学
1930 年
改名为国立山东大学

山东大学恢复原建制
山东大学和华东大学合校，仍命名为山东大学
1958 年
1937 年
1974 年
迁校济南
1951 年
抗日战争全面爆发，南迁；至 1946 年，青岛复校

进入国家"211 工程"建设序列
入选国家"985 工程"建设高校
2000 年
2017 年
1997 年
原山东大学、山东医科大学、山东工业大学合并组建新的山东大学
2001 年
入选国家"双一流"建设高校

山东大学天文学系揭牌成立
2023 年
2025 年
山东大学—飞桨人工智能教育创新中心挂牌

数学考零分的臧克家被破格录取

1930年，臧克家报考山东大学，数学考了零分，而国文考试中有《你为什么报考青岛大学？》和《杂感》两个题目，二选一答题即可，臧克家两题都做了。他在《杂感》一题下只写了三句话："人生永远追逐着幻光，但谁把幻光看作幻光，谁便沉入了无底的苦海。"时任文学院院长的闻一多被这三句话打动了，给出了近满分的高分，并向校长说明，破格录取了臧克家。这也成了中国高等教育史上的一段佳话。

山大中心校区的"道路"

山东大学中心校区南北方向五条大道，以"德"命名，倡导师生重视德行修养，分别是：厚德大道，语出《周易》"君子以厚德载物"；明德大道，语出《礼记·大学》"大学之道，在明明德"；弘德大道，语出东晋常璩《华阳国志》"恢弘德教，养廉免耻"；立德大道，语出《左传·襄公二十四年》"太上有立德，其次有立功，其次有立言"；成德大道，语出《周易》"君子以成德为行，日可见之行也"。

东西方向十条路，则分别以"圣人先贤"命名，蕴含见贤思齐之意，分别为：以"元圣"周公旦命名的元圣路，以"农圣"贾思勰命名的农圣路，以"书圣"王羲之命名的书圣路，以"工圣"鲁班命名的工圣路，以"智圣"东方朔命名的智圣路，以"法圣"商鞅命名的法圣路，以"兵圣"孙武命名的兵圣路，以"至圣"孔子命名的至圣路，以"亚圣"孟子命名的亚圣路和以"科圣"张衡命名的科圣路。

校园风光

图书馆

　　山东大学图书馆的前身是山东大学堂藏书楼，现设有中心校区图书馆、蒋震图书馆、洪家楼校区图书馆、趵突泉校区图书馆、千佛山校区图书馆等。

天文台

　　山东大学威海天文台，位于威海校区玛珈山顶，所以又称"玛珈山天文台"，内配先进技术设备，主要开展小行星搜索、活动星系核光变观测等科研课题。

博物馆

　　山东大学博物馆于 1995 年正式建立并对外开放。现有济南馆区和青岛馆区，藏品数量和质量均为全国高校前列。

中国海洋大学

海纳百川，取则行远

建校时间　1924 年

主 校 址　山东省青岛市崂山区松岭路 238 号

学校类别　综合类大学

办学层次　"211 工程"大学、"985 工程"大学、"双一流"建设高校

知名校友

董兆乾　中国首次登上南极洲的科学家

赵进平　中国极地科学考察的重要科学家之一

张娟娟　中国女子射箭队原队员、奥运会冠军

管华诗　中国工程院院士

优势学科

海洋科学 A⁺　水产 A⁺　生物学 A⁻　食品科学与工程 A⁻ 等

历史沿革

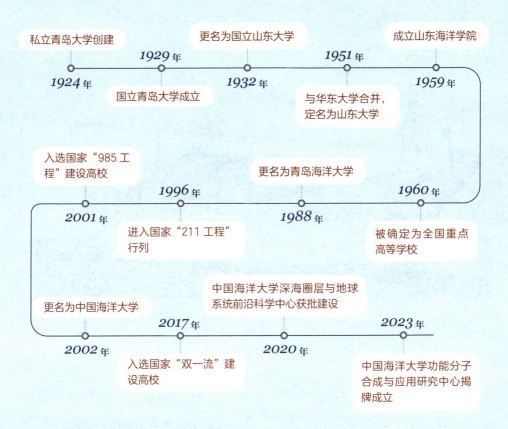

私立青岛大学创建
1924 年

1929 年
国立青岛大学成立

1932 年

更名为国立山东大学
1951 年

与华东大学合并，
定名为山东大学

成立山东海洋学院
1959 年

入选国家"985 工程"建设高校
2001 年

1996 年
进入国家"211 工程"行列

更名为青岛海洋大学
1988 年

1960 年
被确定为全国重点高等学校

更名为中国海洋大学
2002 年

2017 年
入选国家"双一流"建设高校

中国海洋大学深海圈层与地球系统前沿科学中心获批建设
2020 年

2023 年
中国海洋大学功能分子合成与应用研究中心揭牌成立

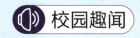

盘点海大的"校船"

中国海洋大学作为一所海事大学,校园里有着各式各样的船。科考船包括 5000 吨级的"东方红 3"新型深远海综合科考实习船、3000 吨级的"东方红 2"海洋综合科学考察实习船、300 吨级的"天使 1"科考交通补给船等。

在山里的海洋大学

中国海洋大学共有 4 个校区:鱼山校区、浮山校区、西海岸校区和崂山校区。其中,鱼山校区是老校区;浮山校区是国际教育学院所在地;西海岸校区是实验基地和海上试验场;崂山校区是学校主校区,紧邻崂山风景区,距离海边有几十公里的路程。因此,中国海洋大学又被戏称为"在山里的大学",初来乍到的"萌新们"可不要失望哟。

📖 校园风光

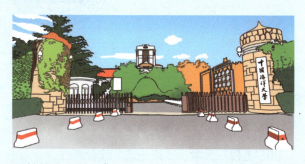

鱼山校区

　　鱼山校区坐落于青岛市风貌保护区内，校内保留着有近百年历史的德式建筑和日式建筑，曾被评为"中国最美的十大校园"之一。其中，德式建筑被列为国家级文物保护建筑。

逸夫科技馆

　　逸夫科技馆落成于 1992 年 10 月，位于鱼山校区，不仅为师生提供教学和科研支持，还承办学生活动和国内外各类大型活动，是鱼山校区师生活动的重要场所之一。

体育馆

　　中国海洋大学体育馆于 2009 年建成于崂山校区，设有综合比赛馆、训练馆、游泳馆、台球馆、羽毛球馆等。

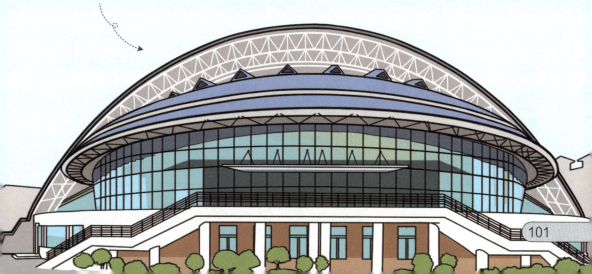

华中科技大学

明德厚学，求是创新

建校时间　1952 年

主 校 址　湖北省武汉市洪山区珞喻路 1037 号

学校类别　综合类大学

办学层次　"211 工程"大学、"985 工程"大学、"双一流"建设高校

知名校友

岑可法　工程热物理学家、能源环境工程专家，中国工程院院士

吴孟超　肝胆内科专家，中国科学院院士，被誉为"中国肝胆外科之父"

杨叔子　机械工程专家，中国科学院院士

郑晓静　力学家，中国科学院院士

李娜　中国女子网球原运动员，亚洲首位大满贯单打冠军得主

👍 优势学科

电气工程 A⁺　机械工程 A⁺　光学工程 A⁺　计算机科学与技术 A　物理学 A
动力工程及工程热物理 A　控制科学与工程 A　公共管理 A　管理科学与工程 A
材料科学与工程 A　新闻传播学 A⁻　生物医学工程 A⁻　公共卫生与预防医
学 A⁻　生物学 A⁻　临床医学 A⁻　工商管理 A⁻　生物医学工程 A⁻ 等

🎥 历史沿革

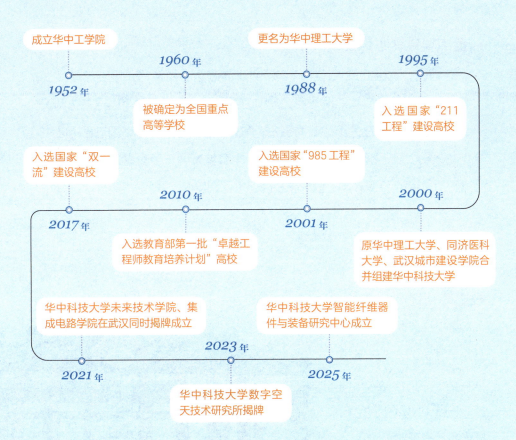

成立华中工学院　1952 年

1960 年　被确定为全国重点高等学校

更名为华中理工大学　1988 年

1995 年　入选国家"211工程"建设高校

入选国家"双一流"建设高校　2017 年

2010 年　入选教育部第一批"卓越工程师教育培养计划"高校

入选国家"985工程"建设高校　2001 年

2000 年　原华中理工大学、同济医科大学、武汉城市建设学院合并组建华中科技大学

华中科技大学未来技术学院、集成电路学院在武汉同时揭牌成立　2021 年

2023 年　华中科技大学数字空天技术研究所揭牌

华中科技大学智能纤维器件与装备研究中心成立　2025 年

 校园趣闻

"森林大学"

华中科技大学位于武汉市洪山区珞喻路 1037 号，占地 7000 余亩。校内有树木品种 200 余种，树木 18 万株，梧桐树是最主要的树种，还有桂花、银杏、枫树、梅花、山茶花等植物，绿化覆盖率达 72%。这里还有许多小动物，如灰喜鹊、麝香鸭、黑水鸭、黑天鹅、鸽子等。正因如此，华中科技大学这座天然氧吧才有了"森林大学"的称号。

盘点华科其他"江湖外号"

喻园，因坐拥武汉市中心城区最高峰喻家山而得名；国立新屋熊大学，因南三门外新屋熊而得名；关山口男子职业技术学院，因男女比例较悬殊，南大门又在关山口站而得名；"1037号森林大学"，因位于珞喻路 1037号，且绿化率达72%而得名；华中食堂大学，因食堂数量最多而得名；华中亦可赛艇大学，因夏季校园积水可划皮艇而得名；等等。

校园风光

校史陈列馆

华中科技大学校史陈列馆，于 2012 年由学校建校初的老机械厂改建而成，并于建校 70 周年之际进行改造开放。

建校纪念碑

华中科技大学建校纪念碑于 1998 年建成，坐落于青年园旁。纪念碑由四个三角体构成，代表着组成华中工学院的四所分校。

梧桐语问学中心

华中科技大学梧桐语问学中心坐落于喻家山脚下，由十三栋苏式建筑群构成，是华科最老的建筑片区之一，集会议接待、师生学术交流、学术研讨、校园文化展示于一体。

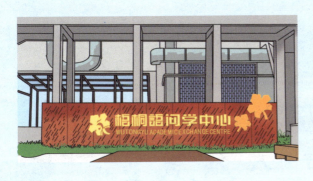

世界文化名人园

世界文化名人园坐落于眼镜湖畔，由数根石柱及其支撑着的弧形大理石墙面构成，墙面上镌刻着苏格拉底、老子、爱因斯坦、孔子、牛顿、屈原、张衡、鲁迅、歌德，共九位中外文化名人的名言，是华科大的标志性建筑之一。

武汉大学

自强、弘毅、求是、创新

建校时间　1893 年

主 校 址　湖北省武汉市武昌区珞珈山街道八一路 299 号

学校类别　综合类大学

办学层次　"211 工程"大学、"985 工程"大学、"双一流"建设高校

👍 优势学科

马克思主义理论 A$^+$　地球物理学 A$^+$　测绘科学与技术 A$^+$　法学 A$^+$　生物学 A　中国语言文学 A　水利工程 A　软件工程 A$^-$　理论经济学 A$^-$　新闻传播学 A$^-$　数学 A$^-$　物理学 A$^-$　化学 A$^-$　地理学 A$^-$　计算机科学与技术 A$^-$　管理科学与工程 A$^-$ 等

🎥 历史沿革

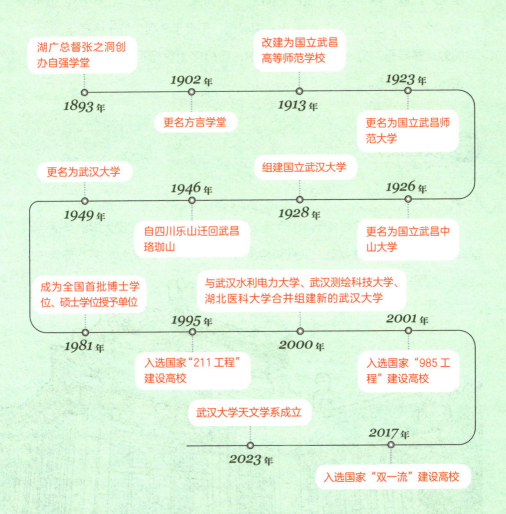

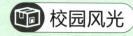

校园趣闻

武大千奇百怪的石头

　　武大校园有一座珞珈山，还分布着数块知名石头：师德铭碑石，位于文理学部西侧、国际教育学院前；"文华赋"纪念石，位于信息管理学院西南侧树林；天外飞石，酷似一块飞来之石，位于万林艺术博物馆；鼓呼石，貌似瑞兽，作引颈长啸之状，位于新闻与传播学院门口；鲲鹏雕塑，鲲鹏广场便得名于此；校训石、珞珈赋纪念碑石，位于新校门广场；经纬石，位于信息学部星湖；南极石，采集于南极，位于信息学部大门旁；慧眼石，位于信息学部图书馆；仁心仁术纪念石，位于医学部小树林；地标石等。

校园风光

老图书馆

　　武汉大学老图书馆建成于 1935 年，位于狮子山顶，是武汉大学的至高点，既是武汉大学的标志性建筑，又是精神象征。2013 年，武汉大学 120 周年校庆之际，老图书馆改为武汉大学校史馆。

宋卿体育馆

宋卿体育馆建于1936年，以湖北黄陂人黎元洪之号命名，位于狮子山南部底。四周绕有回廊，形成轮舵式山墙和三重檐歇山顶，融合了现代建筑与传统建筑的特色。

老斋舍

老斋舍是武汉大学最早的学生宿舍，共4栋，是校园早期建筑群之一。每栋每层以《千字文》前16个字命名，形成天、地、玄、黄、宇、宙、洪、荒、日、月、盈、昃、辰、宿、列、张，共16个斋舍，形容这里包罗万象。

中南大学

知行合一，经世致用

建校时间	2000 年
主 校 址	湖南省长沙市岳麓山区麓山南路 932 号
学校类别	综合类大学
办学层次	"211 工程"大学、"985 工程"大学、"双一流"建设高校

知名校友

汤飞凡　微生物学家、病毒学家，中国科学院院士

谢少文　微生物学家、免疫学家，中国科学院院士

余永富　选矿工程专家，中国工程院院士

孙永福　铁路工程专家，中国工程院院士

王传福　比亚迪股份有限公司董事长兼总裁

冶金工程 A⁺　矿业工程 A⁺　护理学 A⁺　材料科学与工程 A　马克思主义
理论 A⁻　机械工程 A⁻　控制科学与工程 A⁻　计算机科学与技术 A⁻　土木工程 A⁻
化学工程与技术 A⁻　临床医学 A⁻　基础医学 A⁻　管理科学与工程 A⁻　测绘科学
与技术 A⁻ 等

历史沿革

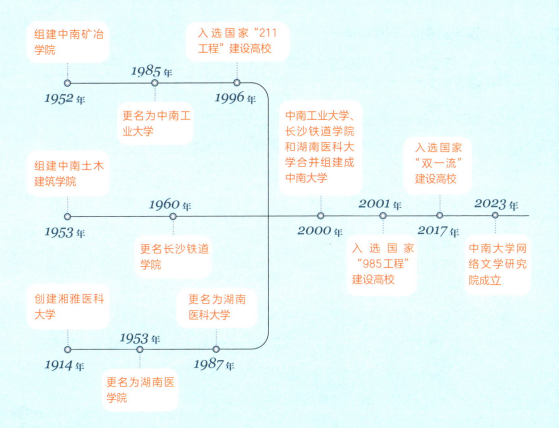

组建中南矿冶学院　1952 年
更名为中南工业大学　1985 年
入选国家"211工程"建设高校　1996 年
中南工业大学、长沙铁道学院和湖南医科大学合并组建成中南大学　2000 年
入选国家"985工程"建设高校　2001 年
入选国家"双一流"建设高校　2017 年
中南大学网络文学研究院成立　2023 年

组建中南土木建筑学院　1953 年
更名长沙铁道学院　1960 年

创建湘雅医科大学　1914 年
更名为湖南医学院　1953 年
更名为湖南医科大学　1987 年

中南大学有多大?

中南大学校区横跨湘江两岸，遍布星城长沙，占地面积317万平方米，拥有湘雅医院、湘雅二医院、湘雅三医院等3所大型三级甲等综合性医院，以及湘雅口腔医院等非直属附属医院。麓山南路、韶山南路、桐梓坡路等均是"中南地标"。要问中南大学有多大？"长沙有多大，中南大学就有多大"！

校园里的火车博物馆

在铁道校区，共铺设四条铁道路线模型。其中三条路线上陈列着建设型蒸汽机车、内燃机车、电力机车三台火车头，标志着我国铁路进程从无到有、从有到强的三个阶段。第四条路线陈列着代表中国速度的"复兴号"头车。此外，轨道交通安全教育部重点实验室研制出世界上试验速度最快"列车气动性能模拟动模型试验装置"，已完成数十种具有自主知识产权的列车流线型外形的设计。

 校园风光

建筑与艺术学院

2011年4月25日，中南大学将土木建筑学院建筑与城市规划系和艺术学院合并，正式成立建筑与艺术学院。学院以"大艺术、大设计、大创意"为理念，集教学科研、设计实践、艺术表演于一体。

世纪楼

世纪楼位于铁道校区内，建于2000年，楼前的《春华秋实》雕塑见证着代代铁道人的砥砺前行。

和平楼

和平楼和民主楼位于校本部中段。这两栋楼由梁思成、林徽因夫妇共同设计，采用砖混结构，并以筒瓦铺盖屋顶，搭配红色外墙，既呈现了中国古典建筑的秀丽典雅，又融入了现代的美学特征，是学校现存最早的校舍。

湘雅医学院

中南大学湘雅医学院创办于1914年，现开设临床医学（五年制、八年制）、预防医学等14个本科专业，并设有基础医学院、湘雅公共卫生学院等6所学院，以及16个临床学院（教学基地）、11个预防医学专业实践教学基地、16个社区卫生服务实践基地。

湖南大学

实事求是，敢为人先

建校时间　1926 年

主 校 址　湖南省长沙市岳麓区麓山南路 2 号

学校类别　综合类大学

办学层次　"211 工程"大学、"985 工程"大学、"双一流"建设高校

知名校友

熊倪　中国国家跳水队原运动员，奥运会冠军

钟志华　车辆工程专家，中国工程院院士

龙清泉　中国国家男子举重队前队员，奥运会冠军

谭千秋　抗震救灾英雄，"最美奋斗者"

郑健龙　道路工程专家，中国工程院院士

化学 A　机械工程 A　工商管理 A　设计学 A　土木工程 A⁻　应用经济学 A⁻

电气工程 A⁻　计算机科学与技术 A⁻　控制科学与工程 A⁻ 等

🎥 历史沿革

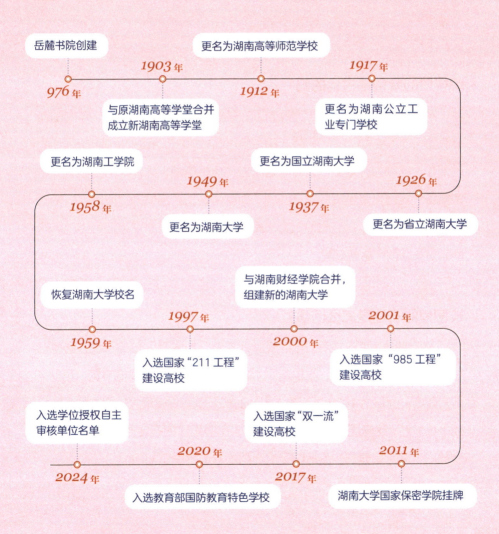

岳麓书院创建

976 年

1903 年　与原湖南高等学堂合并成立新湖南高等学堂

1912 年　更名为湖南高等师范学校

1917 年　更名为湖南公立工业专门学校

1926 年　更名为省立湖南大学

1937 年　更名为国立湖南大学

1949 年　更名为湖南大学

1958 年　更名为湖南工学院

1959 年　恢复湖南大学校名

1997 年　入选国家"211 工程"建设高校

2000 年　与湖南财经学院合并，组建新的湖南大学

2001 年　入选国家"985 工程"建设高校

2011 年　湖南大学国家保密学院挂牌

2017 年　入选国家"双一流"建设高校

2020 年　入选教育部国防教育特色学校

2024 年　入选学位授权自主审核单位名单

📢 校园趣闻

湖大校园内的千年锤

千年锤呈圆柱体，用铸铁铸造，重 4.5 吨，其各取意为"千年学府，弦歌不绝"。千年锤顶面中心图案为湖南大学校徽，寓意为湖大为历史风雨中千年锤成，莘莘学子历经千锤百炼方可成材。整体做埋地处理，寓意为湖南大学"育人千年，根深叶茂"。

牌楼口的牌楼是古代的吗？

湖南大学的牌楼，位于潇湘大道与牌楼路交会处。实际上，作为岳麓书院山门的牌楼早已杳无踪影，这里的牌楼是 2002 年新建的。牌楼东面（面朝湘江）匾额为"道案"，两侧对联为"地接衡湘，大泽深山龙虎气；学宗邹鲁，礼门义路圣贤心"；西面（面朝岳麓山）匾额为"书院"，两侧对联为"学贯九流，汇此地人文法海；秀冠三湘，看群贤事业名山"。这两副对联均取自岳麓书院。

校园里的石柱是怎么回事？

在工业设计艺术学院门前、校牌处立着几根爱奥尼柱式石柱，这些石柱是怎么回事呢？原来，学校曾于 1929 年 12 月开始兴建图书馆，历时 4 年方建成，面积达 1026 平方米，是当时长江以南规模最大的图书馆。抗日战争爆发后，这座图书馆被日军炸毁了。这些残留的石柱便是历史的见证，是被日本侵略者轰炸的图书馆留给我们的永远不能忘却的记忆。

📖 校园风光

岳麓书院

岳麓书院坐落于岳麓山脚下，曾为唐末五代僧人智璿为儒生所建读书处，是我国理学的发源地，也是世界上最古老的学府之一。现岳麓书院为湖南大学下属二级学院，设有历史学系、哲学系、宗教学系和考古学系。

东方红广场

东方红广场是一片方形广场，集历史底蕴、文化象征与校园活动功能于一体，是湖南大学的标志性建筑之一。2014年被长沙市列为文物保护单位。

大礼堂

湖南大学大礼堂建成于 1953 年，运用大幅度木屋架，采用最经济的钢筋混凝土断面构件等措施，是校园重要标志之一。2013 年，湖南大学礼堂被列入第七批全国重点文物保护单位。

中国人民解放军国防科技大学

厚德博学，强军兴国

建校时间　1953 年

主 校 址　湖南省长沙市开福区德雅路 109 号

学校类别　军事类大学

办学层次　"211 工程"大学、"985 工程"大学、"双一流"建设高校

知名校友

钱七虎　防护工程专家，现代防护工程理论的奠基人，防护工程学科的创立者

姜杰　运载火箭导航制导与控制专家，中国科学院院士

周建平　航天工程系统设计与技术管理专家，中国工程院院士

张柏楠　载人航天工程副总设计师，神舟飞船系统总设计师

谢军　北斗卫星导航系统工程副总设计师，北斗三号卫星首席总设计师

👍 优势学科

系统科学 A^+　计算机科学与技术 A^+　软件工程 A^+　管理科学与工程 A^+

光学工程 A^+　信息与通信工程 A^+　控制科学与工程 A　航空宇航科学与技术 A

外国语言文学 A　机械工程 A^-　数学 A^-　物理学 A^-　大气科学 A^- 等

🎥 历史沿革

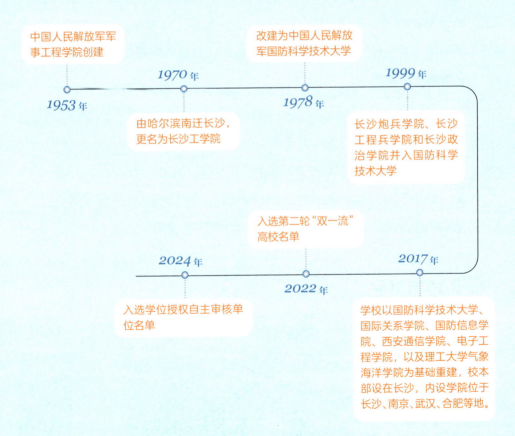

中国人民解放军军事工程学院创建

改建为中国人民解放军国防科学技术大学

1970 年

1999 年

1953 年

1978 年

由哈尔滨南迁长沙，更名为长沙工学院

长沙炮兵学院、长沙工程兵学院和长沙政治学院并入国防科学技术大学

入选第二轮"双一流"高校名单

2024 年

2017 年

2022 年

入选学位授权自主审核单位名单

学校以国防科学技术大学、国际关系学院、国防信息学院、西安通信学院、电子工程学院，以及理工大学气象海洋学院为基础重建，校本部设在长沙，内设学院位于长沙、南京、武汉、合肥等地。

为什么国防科技大学不是"国防七子"之一？

　　事实上，"国防七子"有两种说法。一种是现在提到的隶属于工信部的七所大学：哈尔滨工业大学、哈尔滨工程大学、北京航空航天大学、南京航空航天大学、北京理工大学、南京理工大学和西北工业大学；另一种说法是指隶属于原国防科工委的七所大学：上海交通大学、哈尔滨工业大学、北京工业学院（北京理工大学）、北京航空学院（北京航空航天大学）、南京航空学院（南京航空航天大学）、成都电讯工程学院（电子科技大学）和西北工业大学。之所以国防科技大学不在其列，是因为它隶属于军委。

如何才能被国防科技大学录取？

　　国防科技大学同时招收有军籍的生长军官学员和无军籍的本科学员，具有军籍的学员各项考核合格、顺利毕业后，可分配到相应的军事单位；无军籍的学员毕业后自主择业。另外，这里可不招收留学生哟。

校园风光

图书馆

　　国防科技大学图书馆创建于 1953 年，曾为哈尔滨军事工程学院图书馆，现有三座馆舍，分别坐落在一、三、四号院区。

体育馆

　　国防科技大学体育馆建筑面积达一万多平方米，其内部设施均达到国际一流水平。

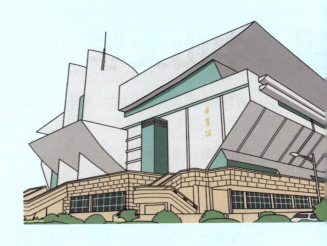

计算机学院（天河楼）

　　国防科技大学计算机学院于 1999 年正式成立，是我国计算机领域最重要的科研基地之一。这里有高性能计算与自主可控信息系统两大优势科研群，并取得了以银河、天河系列高性能计算机等为代表的一大批科研成果。

第六十三研究所

　　第六十三研究所设有总体研究室和信息通信电子防御、电磁频谱等专业研究室及试制工厂。经过四十多年的建设发展，研究所逐渐形成通信抗干扰、电磁频谱管理、装备数据工程、通信装备模块化、通信装备技术保障等特色技术研究领域。

中山大学

博学、审问、慎思、明辨、笃行

建校时间　1924 年

主 校 址　广东省广州市海珠区新港西路 135 号

学校类别　综合类大学

办学层次　"211 工程"大学、"985 工程"大学、"双一流"建设高校

知名校友

柯麟　医学教育家，被誉为中山医学院的一代宗师

谢晋元　抗日民族英雄，梅州蕉岭"抗日三英杰"之一

黄药眠　文学家、诗人

陈原　语言学家、编辑、出版家

蒲蛰龙　昆虫学家，中国科学院院士，中国害虫生物防治奠基人

👍 优势学科

生态学 A⁺　工商管理 A⁺　公共管理 A⁺　马克思主义理论 A　公共卫生
与预防医学 A　中国语言文学 A　生物学 A　物理学 A　基础医学 A　哲学 A
药学 A　数学 A⁻　临床医学 A⁻　中国史 A⁻　化学 A⁻ 等

🎬 历史沿革

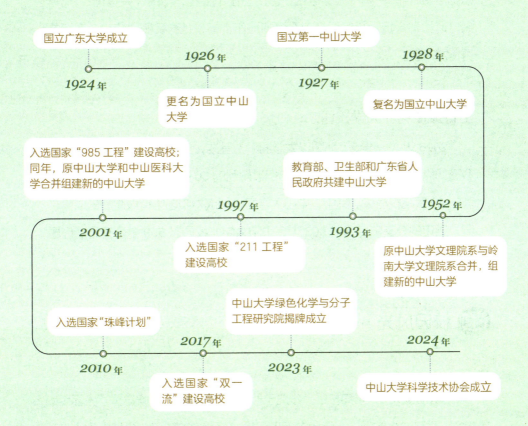

国立广东大学成立

1926 年

国立第一中山大学

1928 年

1924 年

1927 年

更名为国立中山
大学

复名为国立中山大学

入选国家"985 工程"建设高校；
同年，原中山大学和中山医科大
学合并组建新的中山大学

教育部、卫生部和广东省人
民政府共建中山大学

1997 年

1952 年

2001 年

1993 年

入选国家"211 工程"
建设高校

原中山大学文理院系与岭
南大学文理院系合并，组
建新的中山大学

中山大学绿色化学与分子
工程研究院揭牌成立

入选国家"珠峰计划"

2017 年

2024 年

2010 年

2023 年

入选国家"双一
流"建设高校

中山大学科学技术协会成立

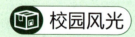

校园趣闻

中山大学护校神兽"中大狮"

　　"中大狮"是中山大学 90 周年的校庆吉祥物。"中大狮"脱胎于马丁堂前石狮子，并以校训命名。其中，"博学狮"身着学位服，呈站立姿态，表现出对学术的敬重与追求；"审问狮"呈灵动前扑又回首四望的姿态，充满了如孩童般的好奇；"慎思狮"伏地不动，似在假寐静思，强调了深思熟虑的态度；"明辨狮"正襟危坐，伸出右前爪食指，像在怀疑指正；"笃行狮"造型则直接还原马丁堂前石狮的动作神情，从蹲姿变为站立，充满蓄势待发之感。

出行最便利的大学校园

　　2016 年，一份线上地图以大学面积为基准，统计周围 600 米范围内的公交站点数量，公布了一份中国出行最便利的 50 所高校和中国出行最不便利的 20 所高校榜单。其中，中山大学南校园成为中国出行最便利的大学校园，周边的公交站点多达 603 个，中山大学北校园以 509 个公交站点位居第四。

校园风光

怀士堂

　　怀士堂位于中山大学南校区，建成于 1917 年，以捐建者安布雷·史怀士的名字命名，又称"小礼堂"。怀士堂不仅仅是一幢普通的建筑，更是中大人文精神所在，也是中山大学的标志性建筑之一。

中山医学院

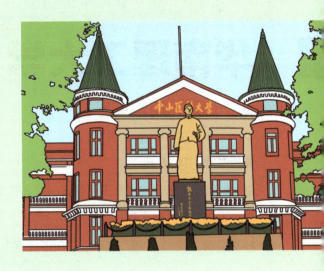

中央医学院原为 1866 年创办的博济医学堂，后经多次合并、改名，于 1985 年，又改称为中山医科大学；2001 年，与原中山大学合并为新的中山大学，并成立中山医学院。

惺亭

惺亭是原岭南大学惺社同学为纪念史坚如、区励周、许耀章三位烈士而捐赠修建的纪念亭。

博物馆

中山大学博物馆是一座集人文科学、自然科学、学校历史、岭南文化和非物质文化等内容于一体的综合性博物馆，目前已有地质矿物博物馆、人类学博物馆、生物博物馆、医学博物馆等分类博物馆。

华南理工大学

博学慎思，明辨笃行

建校时间　1918 年

主 校 址　广东省广州市天河区五山路 381 号

学校类别　理工类大学

办学层次　"211 工程"大学、"985 工程"大学、"双一流"建设高校

知名校友

阮啸仙　中国审计制度的创建者和奠基人

何镜堂　中国工程院院士，中国工程勘察设计大师

姜中宏　无机非金属材料专家，中国科学院院士

党鸿辛　材料机械摩擦磨损与润滑专家，中国科学院院士

刘诗雯　中国乒乓球运动员

👍 优势学科

轻工科学与技术 A⁺　材料科学与工程 A　化学工程与技术 A　环境科学与工程 A　食品科学与工程 A　机械工程 A⁻　建筑学 A⁻　管理科学与工程 A⁻　马克思主义理论 A⁻　控制科学与工程 A⁻　城乡规划学 A⁻　工商管理 A⁻ 等

🎬 历史沿革

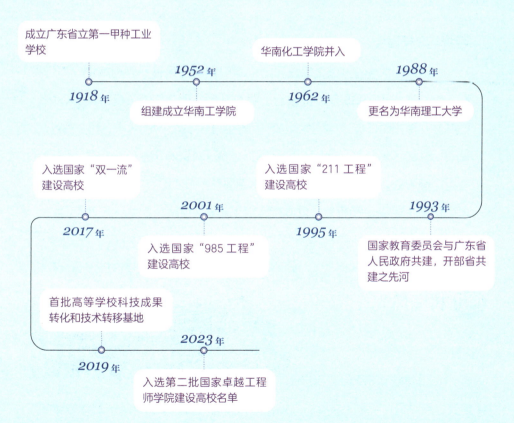

成立广东省立第一甲种工业学校

华南化工学院并入

1952 年

1988 年

1918 年

组建成立华南工学院

1962 年

更名为华南理工大学

入选国家"双一流"建设高校

入选国家"211 工程"建设高校

2001 年

1993 年

2017 年

1995 年

入选国家"985 工程"建设高校

国家教育委员会与广东省人民政府共建，开部省共建之先河

首批高等学校科技成果转化和技术转移基地

2023 年

2019 年

入选第二批国家卓越工程师学院建设高校名单

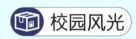

校园趣闻

"加量不加价"的百步梯

百步梯位于中山广场西侧，因修建之初由 100 级阶梯构成，故名"百步梯"。每逢暴雨，这里便成了"百瀑梯"，十分壮观。近年整修后，诸多同学"用脚计算"后的台阶为 102 级，但也有同学坚持认为是 100 级，甚至有些同学认为不到 100 级。另外，学校还有个学生组织叫"百步梯"，校歌里也有"百步梯"哟。

老牌坊的气韵

华南理工大学在 1952 年校界上的南门和西门各有一座石牌坊。南门石牌坊，建成于 1935 年，位于五山路立交与广园东路交界处。门外、内门额分别镌刻时任国立中山大学校长邹鲁所书"国立中山大学"和"格致、诚正、修齐、治平"。西门石牌坊同样建成于 1935 年，位于东莞庄路与粤垦路交界处，门外、内门额上分别镌刻邹鲁所书"国立中山大学"及"忠孝、仁爱、信义、和平"。2002 年 7 月，两座石牌坊被列入广州市第六批文物保护单位。

校园风光

图书馆

华南理工大学图书馆于 1952 年建立，当时名为华南工学院图书馆。其后，图书馆的馆名以及馆藏结构随学校变更多次，直至 1988 年 1 月改为现名，包括五山校区总馆、大学城校区图书馆和广州国际校区图书馆。

大学城体育馆

华南理工大学体育馆位于广州大学城内，采用组合式薄壳结构设计，造型优雅独特，是华工南校区的标志性建筑之一，曾作为 2007 年中国第八届大学生运动会的乒乓球比赛用场地。

励吾科技楼

励吾科技楼位于北校区中轴线之末，于 2005 年建成，由建筑学系校友、香港实业家蔡建中先生捐建，以其父的名字"蔡励吾"命名。

逸夫人文馆

逸夫人文馆坐落于北校区湖滨南路西端，于 2003 年建成。建筑采用了可调百叶、连廊及独立造型墙体等遮阳设计，使建筑光影随着太阳位置的变化而不断变化，充分展现了岭南建筑的地域特色。

重庆大学

耐劳苦、尚俭朴、勤学业、爱国家

建校时间 1929 年

主 校 址 重庆市沙坪坝区沙正街 174 号

学校类别 综合类大学

办学层次 "211 工程"大学、"985 工程"大学、"双一流"建设高校

知名校友

李星学 古植物学家、地层学家，中国科学院院士

沈其韩 地质学家，中国科学院院士

盛金章 地质学家、地层古生物学家，中国科学院院士

阎肃 词作家、剧作家

艾伟 作家

👍 优势学科

土木工程 A⁺　机械工程 A⁻　工商管理 A⁻　环境科学与工程 A⁻　电气工程 A⁻ 等

🎥 历史沿革

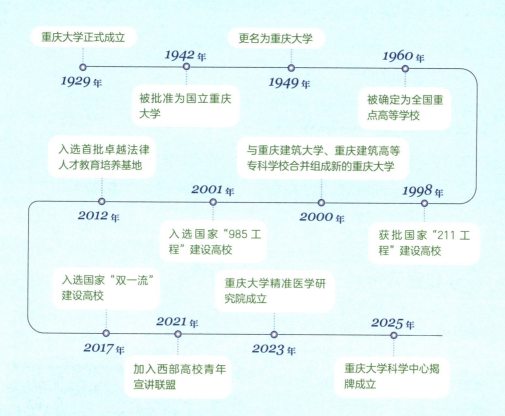

重庆大学正式成立
1929 年

1942 年
被批准为国立重庆大学

更名为重庆大学
1949 年

1960 年
被确定为全国重点高等学校

入选首批卓越法律人才教育培养基地
2012 年

2001 年
入选国家"985工程"建设高校

与重庆建筑大学、重庆建筑高等专科学校合并组成新的重庆大学
2000 年

1998 年
获批国家"211工程"建设高校

入选国家"双一流"建设高校
2017 年

2021 年
加入西部高校青年宣讲联盟

重庆大学精准医学研究院成立
2023 年

2025 年
重庆大学科学中心揭牌成立

🔊 校园趣闻

重庆大学植物园

　　重庆大学植物园建于 2012 年，在虎溪校区内，占地 42 公顷，目前已有牡丹园、蔷薇园、木兰园、蕨类园、山茶园等多个园区。园内奇花异草竞相开放，四季不断，为师生提供了"春赏花、夏纳凉、秋观叶、冬咏梅"的学习、工作和生活环境。

校园雕塑知多少

　　在重庆大学的校园里，矗立着一些学者雕塑，有重庆大学创始人之一吴芳吉、物理学家沈懋德、教育家吕子方、第六任校长郑思群、经济学家马寅初、无线电研究创始人冯简、中国数学泰斗何鲁、电力工程学家毛鹤年、文学翻译家叶君健、国学大师吴宓等学者。他们饱经秋风夏雨的洗礼，以永恒的姿态守护着校园。

📦 校园风光

图书馆

　　图书馆成立于 1930 年，是一所综合性、研究型大学图书馆，是中国西部地区最大的图书馆之一。图书馆设有 A 校区理工图书馆、B 校区建筑图书馆、虎溪校区虎溪图书馆共 3 个分馆，还与学院合作建立了博雅分馆和新闻分馆。

寅初亭

寅初亭坐落于重庆大学梅岭之上，是为纪念马寅初先生而建，彰显其为国家、民族的利益不惜牺牲个人的斗争精神与崇高品质。

钟塔

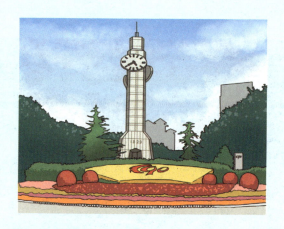

钟塔是校友于 1989 年重庆大学 60 周年校庆时捐建，矗立于钟塔广场上，是校园标志性建筑之一。其设计者是著名雕塑家龙德辉教授。

艺术楼

艺术楼坐落于虎溪校区云湖之畔，四周风景如画，与图书馆紧密相连。建筑外观的色彩以灰色和砖红色为主，由 A、B、C 三个学区组成。

四川大学

海纳百川，有容乃大

建校时间　1896 年

主 校 址　四川省成都市武侯区一环路南一段 24 号

学校类别　综合类大学

办学层次　"211 工程"大学、"985 工程"大学、"双一流"建设高校

知名校友		
	李劼人　作家、翻译家	
		周太玄　生物学家、化学家，少年中国学会发起人之一
	江竹筠　革命女烈士，被列入"全国 100 位为新中国成立作出突出贡献的英雄模范人物"	
	赵宇亮　化学家，中国科学院院士	
		周志成　卫星总体技术专家，中国工程院院士

👍 优势学科

口腔医学 A⁺ 护理学 A⁺ 医学技术 A⁺ 中国语言文学 A⁺ 马克思主义理论 A 中国史 A 管理科学与工程 A 轻工技术与工程 A 数学 A 化学 A 临床医学 A 药学 A 生物学 A⁻ 材料科学与工程 A⁻ 化学工程与技术 A⁻ 水利工程 A⁻ 工商管理 A⁻ 考古学 A⁻ 法学 A⁻ 等

🎬 历史沿革

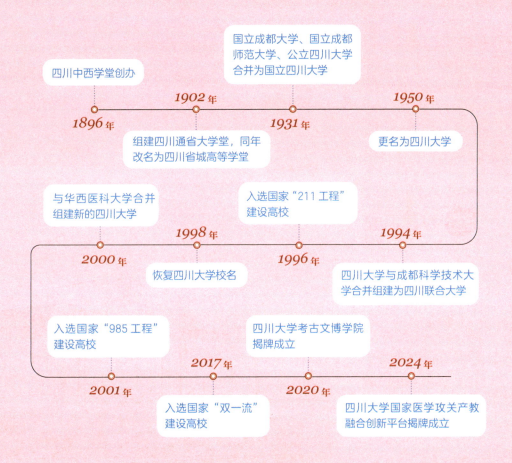

四川中西学堂创办

国立成都大学、国立成都师范大学、公立四川大学合并为国立四川大学

1902 年
1896 年
1931 年
1950 年

组建四川通省大学堂，同年改名为四川省城高等学堂

更名为四川大学

与华西医科大学合并组建新的四川大学

入选国家"211 工程"建设高校

1998 年
2000 年
1996 年
1994 年

恢复四川大学校名

四川大学与成都科学技术大学合并组建为四川联合大学

入选国家"985 工程"建设高校

四川大学考古文博学院揭牌成立

2017 年
2001 年
2020 年
2024 年

入选国家"双一流"建设高校

四川大学国家医学攻关产教融合创新平台揭牌成立

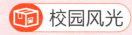 **校园趣闻**

川大不高山

　　川大不高山位于江安校区内,是一座数十米高的小丘,上面嘉木繁荫、百草丰茂,颇受川大学子喜爱。命名为"不高山",是借"山不在高,有仙则名"的意蕴,也包含着求学者要追求山的稳重,切莫自高自大的意味。

华西坝:中西合璧的建筑奇观

　　华西坝老建筑群占地面积千余亩,完美融合了中西建筑的独特风格,其布局不同于中国传统建筑层层递进、威严幽深的风格,呈现出错落有致又井然有序的风格。现保留较完整的民国老建筑有第七教学楼、第八教学楼、行政楼、水塔楼和八角楼等。其中,第七教学楼又名志德堂,建成于1915年,是现存最早的教学楼之一。

校园风光

图书馆

　　四川大学图书馆由文理图书馆、工学图书馆、医学图书馆、江安图书馆组成,是中国西南地区历史最为悠久、文献规模最大的图书馆。

明德楼

　　明德楼，原名一大楼，建成于 1954 年，后于 2013 年被命名为"明德楼"，取意于"大学之道，在明明德"。它是校内最具有中西合璧特色的标志性建筑之一，被誉为中国高校建筑精品。

江姐纪念馆

　　江姐纪念馆坐落于望江校区，占地面积约 700 平方米，是全国首家江姐纪念馆，也是西南高校首家专题革命烈士纪念馆。

江安校区东大门

　　东大门紧邻江安校区景观水道，其建筑外观是依据当年皇城老校区的资料复刻的大门，门头镶刻着"国立四川大学"字样。

钟楼

　　钟楼建于 1926 年，位于华西校区懿德堂的东侧，是成都唯一现存的机械式钟楼，也是华西校区最具标志性的建筑之一。

电子科技大学

求实求真，大气大为

建校时间 1956 年

主 校 址 四川省成都市高新区（西区）西源大道 2006 号

学校类别 理工类大学

办学层次 "211 工程"大学、"985 工程"大学、"双一流"建设高校

知名校友		
	刘盛纲 电子物理学家，中国科学院院士	
	李小文 遥感学家、地理学家，中国科学院院士	
谭述森 卫星导航专家，中国工程院院士		
	李言荣 电子信息材料专家，中国工程院院士	
	翟永明 诗人	

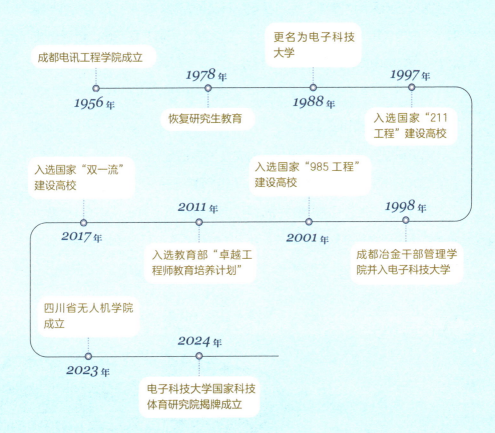

👍 优势学科

电子科学与技术 A⁺   信息与通信工程 A⁺   计算机科学与技术 A   光学工程 A   仪器科学与技术 A⁻   管理科学与工程 A⁻ 等

🎥 历史沿革

成都电讯工程学院成立

1978 年

更名为电子科技大学

1997 年

1956 年

恢复研究生教育

1988 年

入选国家"211工程"建设高校

入选国家"双一流"建设高校

入选国家"985 工程"建设高校

2011 年

1998 年

2017 年

2001 年

入选教育部"卓越工程师教育培养计划"

成都冶金干部管理学院并入电子科技大学

四川省无人机学院成立

2024 年

2023 年

电子科技大学国家科技体育研究院揭牌成立

校园趣闻

电子科技大学校名为什么没有"中国"二字

电子科技大学最初名为成都电讯工程学院,是中华人民共和国成立后的第一所专门培养无线电专业人才的大学。1987年,学校向教育部提出了更名为"中国电子科技大学"的申请。但同时西北电讯工程学院(现为西安电子科技大学)也在申请"国字头",这就导致有关部门驳回了申请,建议两校各自采用"成都"和"西安"开头的名称。后来,为了长期发展考虑,成电决定"去地域化"、放弃"国字头",再次提交以"电子科技大学"为名的申请,并最终获得了批准。

电子信息类院校排头兵

电子科技大学是中华人民共和国成立后第一所无线电大学,也是中国七所国防工业院校之一,还是中国电子信息领域唯一一所"985"大学,从神舟系列飞船、北斗卫星导航系统,再到我国新一代战斗机,从芯片制造、智能算法再到大数据处理技术……在电子信息领域的核心技术难题,都是他攻坚的阵地;所有技术制高点,都是他专攻的研究领域!

校园风光

体育馆

清水河校区体育馆整体呈现浑圆状,穹顶采用轮辐式张拉梁结构,曾用作

第31届世界大学生夏季运动会篮球项目比赛、热身场馆。

图书馆

　　电子科技大学图书馆的前身是成都电讯工程学院图书馆，现今的图书馆由清水河校区主馆和沙河校区分馆组成，是以电子信息技术为核心的馆藏体系。

九里堤校区

　　电子科技大学九里堤校区目前正在建设未来产业科技园，将布局"两中心一基地平台"。

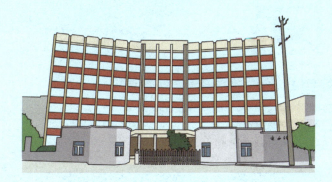

品学楼

　　品学楼，以独特的外形命名，由A、B、C三区共同组成了一个"品"字，是与立人楼齐名的两大教学楼之一。

西安交通大学

精勤求学，敦笃励志，果毅力行，忠恕任事

建校时间 1896 年

主 校 址 陕西省西安市碑林区咸宁西路 28 号

学校类别 综合类大学

办学层次 "211 工程"大学、"985 工程"大学、"双一流"建设高校

知名校友		
钱学森	航天工程科学家，中国科学院和中国工程院双院院士	
张光斗	水利水电工程专家，中国科学院和中国工程院双院院士	
黄旭华	核动力潜艇专家，中国工程院院士	
顾诵芬	飞机空气动力学家，中国科学院和中国工程院双院院士	
王晋康	科幻作家	

👍 优势学科

动力工程及工程热物理 A⁺　电气工程 A⁺　机械工程 A⁺　核科学与技术 A⁺
控制科学与工程 A⁺　工商管理 A　马克思主义理论 A　材料科学与工程 A　数学 A
力学 A　计算机科学与技术 A　管理科学与工程 A　公共管理 A⁻　电子科学与技
术 A⁻　生物医学工程 A⁻ 等

🎬 历史沿革

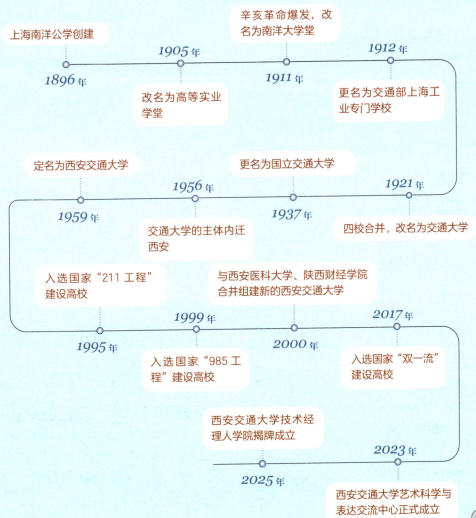

上海南洋公学创建

1896 年

1905 年
改名为高等实业学堂

辛亥革命爆发，改名为南洋大学堂

1911 年

1912 年
更名为交通部上海工业专门学校

定名为西安交通大学

1959 年

1956 年
交通大学的主体内迁西安

更名为国立交通大学

1937 年

1921 年
四校合并，改名为交通大学

入选国家"211 工程"建设高校

1995 年

1999 年
入选国家"985 工程"建设高校

与西安医科大学、陕西财经学院合并组建新的西安交通大学

2000 年

2017 年
入选国家"双一流"建设高校

西安交通大学技术经理人学院揭牌成立

2025 年

2023 年
西安交通大学艺术科学与表达交流中心正式成立

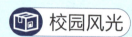 校园趣闻

西交的汉唐遗迹遗风

　　西安交通大学及附近有很多汉唐的遗迹遗风，如：教学区所处的位置为唐长安城内的道政、常乐二坊，道政坊曾是唐玄宗时期举行盛大庆祝和外事活动的场所；南洋书院附近有白居易曾经居住过的东亭，而东亭遗址东南处为白居易《琵琶行》中琵琶女所称的蛤蟆陵所在地；汉代壁画墓保留了迄今为止中国年代最早、保存最完整的二十八星宿图。

腾飞塔与"不挂女神"

　　腾飞塔是西交校园内的著名雕塑之一，位于钱学森图书馆北面，塔顶是一个鸟形雕塑，挥动着腾飞的翅膀，寓意为西安交通大学学子展翅腾飞。塔下面有一位女神，由于她"一丝不挂"，被学子们亲切地称为"不挂女神"，意为"考试不挂科"，是考前交大学子膜拜的"神明"。

校园风光

钱学森图书馆

　　钱学森图书馆位于西安交通大学中心四大发明广场旁。这座建筑不仅彰显着"以明德为先，科学尚实"的办学理念，更承载着学校的精神传承。

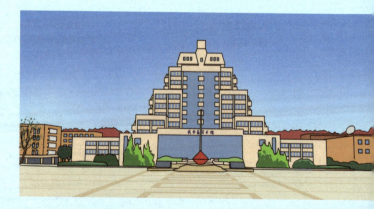

思源学生活动中心

西安交通大学思源学生活动中心位于兴庆校区，其命名源自百年交大的光辉传统"饮水思源"，是一座多功能体育馆。

饮水思源碑

西安交通大学饮水思源碑位于中心大楼前，建于1981年，碑名"饮水思源"由书法家舒同所题。饮水思源碑最上方为西安交通大学的立体标志，底座是一块印章，表示"饮水思源"精神印刻在每一个交大人心中。

西迁博物馆

交大西迁博物馆坐落于兴庆校区，由序厅、放映厅、展厅和多功能厅组成，展馆以图文实物和多媒体等展陈形式系统呈现了从南洋公学到西迁办学的历史脉络，讴歌了胸怀大局、无私奉献的西迁精神。

腾飞塔

腾飞塔高75.7米，共15层，集观光、纪念于一体。塔顶的雕塑挥动着翅膀，寓意是学生们在知识的天空中自由翱翔。

西北工业大学

公诚勇毅

建校时间　1938 年

主 校 址　陕西省西安市碑林区友谊西路 127 号

学校类别　综合类大学

办学层次　"211 工程"大学、"985 工程"大学、"双一流"建设高校

知名校友

师昌绪　金属学及材料科学家，中国科学院及中国工程院双院士

唐长红　飞行器设计专家，中国工程院院士

杨伟　飞行器设计与飞行控制领域专家，中国科学院院士

郭万林　力学家，中国科学院院士

吴伟仁　中国探月工程总设计师，中国工程院院士

优势学科

航空宇航科学与技术 A⁺　材料科学与工程 A⁺　计算机科学与技术 A⁺　机械工程 A　船舶与海洋工程 A　兵器科学与技术 A　控制科学与工程 A⁻　管理科学与工程 A⁻　信息与通信工程 A⁻ 等

历史沿革

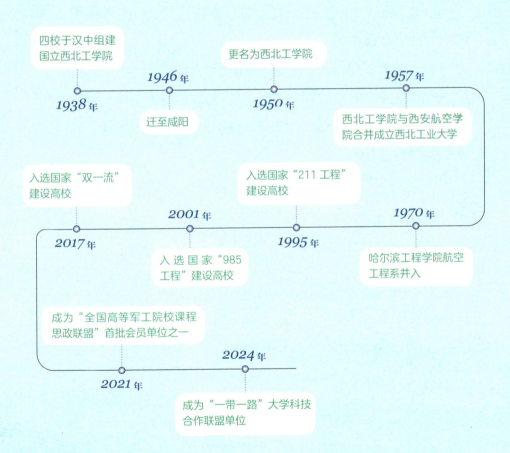

四校于汉中组建国立西北工学院
1938 年

1946 年
迁至咸阳

更名为西北工学院
1950 年

1957 年
西北工学院与西安航空学院合并成立西北工业大学

入选国家"双一流"建设高校
2017 年

2001 年
入选国家"985 工程"建设高校

入选国家"211 工程"建设高校
1995 年

1970 年
哈尔滨工程学院航空工程系并入

成为"全国高等军工院校课程思政联盟"首批会员单位之一
2021 年

2024 年
成为"一带一路"大学科技合作联盟单位

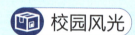 校园趣闻

西工大有多牛？

西北工业大学隶属于工信部，是"国防七子"高校之一，由国立西北工学院、华东航空学院和"哈军工"空军工程系组建而成。因其卓越的成就，两次被国家授予"重大贡献奖"，大批西工大学子成为行业精英、国之栋梁，因而西工大也被誉为"总师摇篮"。

航空专业史上最牛班

西北工业大学 1978 级 5381 班，被称为中国航空专业史上"最牛班"。因为这个班上至少出了五位总工程师：歼–20 总师杨伟、运–20 总师唐长红和歼–15 常务副总师赵霞，以及另外两位总师刘行伟和余俊雅。其中，杨伟和唐长红是室友。

校园风光

长安校区图书馆

西北工业大学长安校区图书馆建在启真湖与启翔湖之上，占地 32000 平方米。这座现代化的图书馆具有鲜明的时代特征和独特的造型，从正面看像是一部翻开的字典，俯视则像极了一只振翅欲飞的蝴蝶。

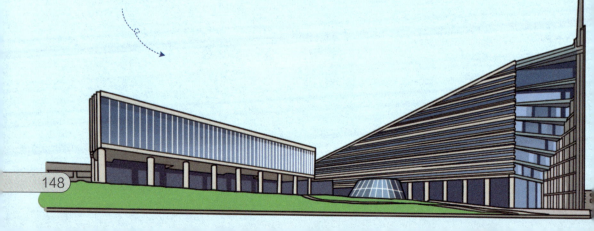

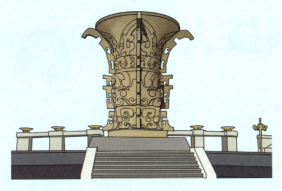

何尊广场

何尊广场位于长安校区，在一片碧波映衬下，国宝何尊的放大版雕塑与埋首持剑武士相得益彰，有"隐姓埋名，为国铸剑"之意，诠释了西工大人始终胸怀"国之大者"，为国铸剑的精神风貌，是西工大一张靓丽的名片。

翱翔体育馆

翱翔体育馆位于长安校区东北角，于 2008 年落成，由主馆和副馆组成。主馆包括篮球赛场及办公区域，可举办大型篮球、排球、羽毛球等体育赛事活动，

同时可以举办大型文艺及庆典活动。副馆可作为篮球、排球、羽毛球运动队训练使用，同时可供体育教学及体育活动使用。

六大军工图腾柱

六大军工图腾柱分别以航空、航天、航海、兵器、核工业、军工电子这六大军工主题命名。航空柱饰以飘逸云纹，航天柱点缀火焰纹样，航海柱镌刻流水纹图案，兵器柱装饰和平鸽飞翔造型，核工业和军工电子柱身则融入中国传统纹样，体现了西北工业大学的军工特色，以及其对中国军工科技事业发展做出的巨大贡献。

西北农林科技大学

诚朴勇毅

建校时间	1934 年
主 校 址	陕西省咸阳市杨凌示范区西农路 22 号
学校类别	农林类大学
办学层次	"211 工程" 大学、"985 工程" 大学、"双一流" 建设高校

知名校友		
李振声	遗传学家、小麦遗传育种专家，中国科学院院士
于天仁	土壤化学家，中国科学院院士
魏江春	地衣真菌学家，中国科学院院士
李佩成	农业水土工程及水资源与环境专家，中国工程院院士
山仑	作物生理学和栽培学专家，中国工程院院士

👍 优势学科

林学 A⁺ 草学 A⁻ 农林资源与环境 A⁻ 植物保护 A⁻ 畜牧学 A⁻ 作物学 A⁻ 等

🎥 历史沿革

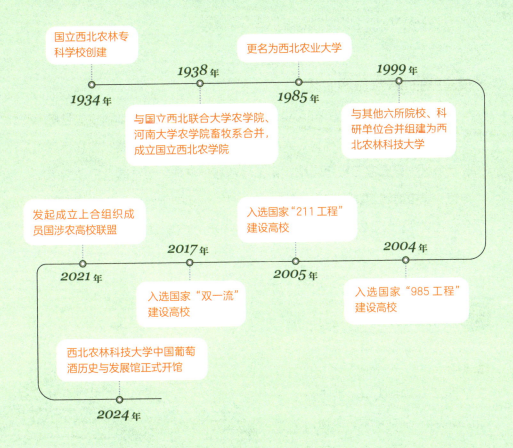

国立西北农林专科学校创建

更名为西北农业大学

1938 年

1999 年

1934 年

1985 年

与国立西北联合大学农学院、河南大学农学院畜牧系合并，成立国立西北农学院

与其他六所院校、科研单位合并组建为西北农林科技大学

发起成立上合组织成员国涉农高校联盟

入选国家"211 工程"建设高校

2017 年

2004 年

2021 年

2005 年

入选国家"双一流"建设高校

入选国家"985 工程"建设高校

西北农林科技大学中国葡萄酒历史与发展馆正式开馆

2024 年

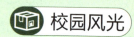

校园趣闻

"西北不愁吃喝大学"

每年毕业季前夕，西北农林科技大学总会开展瓜果品鉴活动。所有的瓜果都来自园艺学院的科研品种，如苹果、葡萄、樱桃、西瓜、甜瓜等，让全校师生共享科研成果，品味其来之不易，感悟其蕴藏的科学家精神。实际上，自入学起，学生们就享受着一言不合就被"投喂"的待遇啦，因此西北农林获得了"西北不愁吃喝大学"的别号。

校园里的 4A 级旅游景区

这所藏在校园里的国家 AAAA 级旅游景区正是西北农林科技大学博览园，又称为"西北农林科技大学农林博物院"，位于杨凌农业高新产业示范区，是国家二级博物馆、全国科普教育基地。博览园包括动物博物馆、昆虫博物馆、土壤博物馆、植物博物馆和中国农业历史博物馆等专业博物馆，以及蝴蝶园、树木园等多种种质资源圃，是集教学、科研、科普于一体的博物馆群。

校园风光

昆虫馆

西北农林科技大学昆虫博物馆的藏品类别包括标本、实物、模型、照片等，是现今全球面积最大、展品最繁多、规格最高的昆虫博物馆。

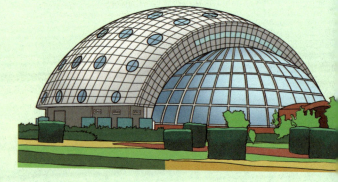

动物馆

西北农林科技大学动物博物馆建成于2006年，借助生物标本、实物展品、仿真模型及互动多媒体等现代化技术展现了动物的奇妙世界，是融知识性、科学性、趣味性、观赏性于一体的动物知识大观园。

植物馆

西北农林科技大学植物博物馆建成于2006年，基本陈列分为室内五个展厅和一个热带植物温室两大部分，植物标本收藏规模位居全国前列。

农史馆

西北农林科技大学农业历史博物馆于2006年建成，陈列有《齐民要术》《氾胜之书》《农政全书》等多部古籍，以及纺车、织布机、曲辕犁等数百件农具。

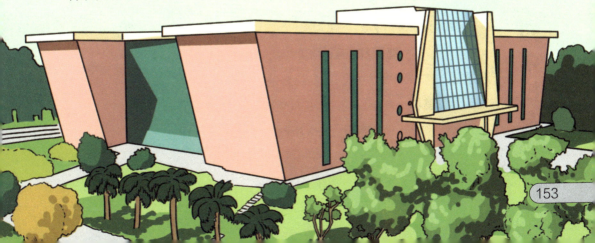

兰州大学

自强不息，独树一帜

建校时间　1909 年

主 校 址　甘肃省兰州市城关区天水南路 222 号

学校类别　综合类大学

办学层次　"211 工程"大学、"985 工程"大学、"双一流"建设高校

知名校友		
	秦大河	冰川学家、气候学家，中国科学院院士
	葛墨林	理论物理学家，中国科学院院士
	涂永强	有机化学家，中国科学院院士
	周其林	有机化学家，中国科学院院士
	夏克青	流体力学专家，中国科学院院士

优势学科

草学 A⁺　生态学 A⁺　化学 A⁻　地理学 A⁻　生物学 A⁻ 等

历史沿革

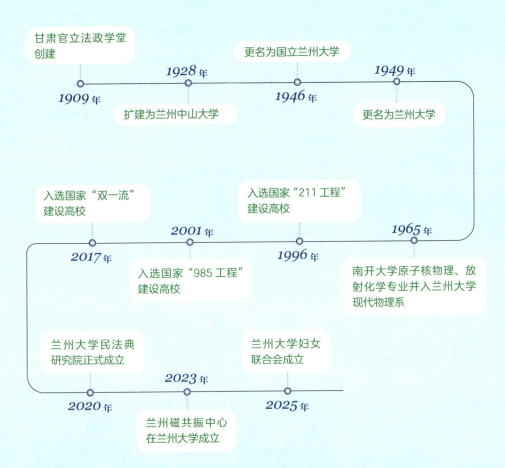

甘肃官立法政学堂创建

1909 年

1928 年
扩建为兰州中山大学

更名为国立兰州大学

1946 年

1949 年
更名为兰州大学

入选国家"双一流"建设高校

2017 年

2001 年
入选国家"985 工程"建设高校

入选国家"211 工程"建设高校

1996 年

1965 年
南开大学原子核物理、放射化学专业并入兰州大学现代物理系

兰州大学民法典研究院正式成立

2020 年

2023 年
兰州磁共振中心在兰州大学成立

兰州大学妇女联合会成立

2025 年

兰州大学的骆驼驾驶证

兰州大学的骆驼驾驶证源于外地学生在贴吧上询问兰大是否有骆驼的问题。2015年时，某微博号首次提出"骆驼驾驶证"概念，并发布了一张以旧版兰州大学学生证为蓝本的"兰州大学骆驼驾驶证"图片。同年，数篇关于骆驼驾驶证的文章引爆全网。王乘校长在2015届毕业典礼中说"每一个兰大人心中都有一头骆驼""这是同学们对学校地处西部、条件艰苦的一种善意自嘲，但也反映了大家对兰大人坚韧不拔、勇往直前宝贵品质的高度共识"。之后，系列文创产品及毕业视频短片《骆驼证》再次引爆社交平台，成了兰州大学独特的校园文化。

兰大楼宇建筑的命名

天山堂，得力于中国西北名山天山；贺兰堂，源自壮丽的贺兰山；昆仑堂，则取自巍峨的昆仑山；芝兰苑、玉树苑，比喻优秀子弟；闻韶楼，榆中校区艺术楼，其名出自孔子闻韶乐，三月不知肉味的典故。

校园风光

民族柱

民族柱位于榆中校区，共56根，代表着56个民族紧密团结。

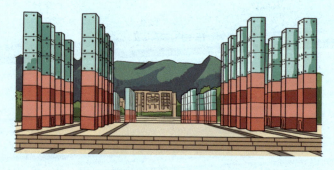

积石堂

　　积石堂是兰州大学本部的图书馆，其历史渊源可追溯至 1909 年。1913 年曾利用清代贡院遗留的观成堂为书库，至公堂为阅览室；1946 年后新建的二层独立馆舍，名曰"积石堂"。

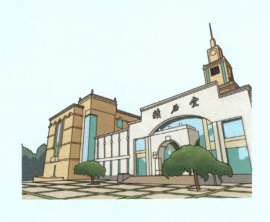

逸夫科学馆

　　逸夫科学馆于 1990 年落成，由香港知名人士邵逸夫先生资助建造，一、二层为开展学术活动的展厅和报告厅，三、四、五层为学校科研单位和实验室。

博物馆

　　兰州大学博物馆位于榆中校区，于 2009 年开馆，由校史展、生物与环境展、历史文物展、古生物化石展及黄河古象展 5 个展厅组成，收藏各类藏品超过 20 万件。

大学规划
要趁早

竹马书坊　编著

苏州新闻出版集团
古吴轩出版社

北京科技大学

求实鼎新

建校时间　1952 年

主 校 址　北京市海淀区学院路 30 号

学校类别　理工类大学

办学层次　"211 工程"大学、"双一流"建设高校、新材料与冶金工程优势学
科创新平台

知名校友		
	范维唐	矿山压力及开采机械化专家，中国工程院院士
	王一德	压力加工专家，中国工程院院士
	刘玠	冶金自动化及信息工程专家，中国工程院院士
	关杰	连铸设备专家，中国工程院院士
	巩立姣	中国田径运动员，奥运会冠军

👍 优势学科

科学技术史 A⁺　材料科学与工程 A⁺　冶金
工程 A⁺　科研工程 A⁻　环境科学与工程 A⁻

👍 特色学科

安全工程　计算机科学与技术　自动化
环境工程　物联网工程

🎥 历史沿革

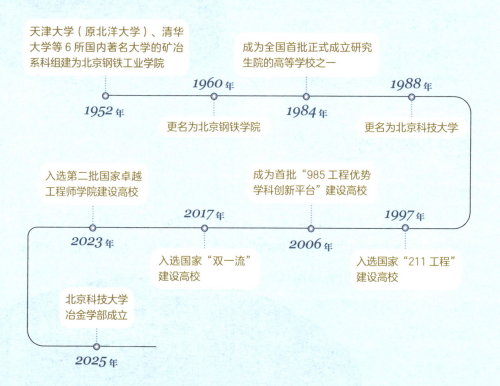

天津大学（原北洋大学）、清华
大学等 6 所国内著名大学的矿冶
系科组建为北京钢铁工业学院

成为全国首批正式成立研究
生院的高等学校之一

1960 年

1988 年

1952 年

1984 年

更名为北京钢铁学院

更名为北京科技大学

入选第二批国家卓越
工程师学院建设高校

成为首批"985 工程优势
学科创新平台"建设高校

2017 年

1997 年

2023 年

2006 年

入选国家"双一流"
建设高校

入选国家"211 工程"
建设高校

北京科技大学
冶金学部成立

2025 年

🔊 校园趣闻

中国"钢铁摇篮"

　　北京科技大学原名北京钢铁学院，最初由天津大学（原北洋大学）、清华大学等 6 所国内知名大学的矿冶系科组建而成，是京城当年著名的八大院校之一，被誉为"钢铁摇篮"。

真的"大锤子"

　　亚洲锻锤于 2008 年建成，由德国艺术家安德里斯·林穆酷斯设计，在锻锤四周，依次摆放着七个扇形大理石板凳，上面刻有欧洲、南美洲、北美洲、南极洲、非洲、大洋洲和亚洲七大洲的洲名，旨在纪念世界文明中的中国传统特殊钢制造工艺。

📦 校园风光

体育馆

　　北京科技大学体育馆外形以柔道、跆拳道运动中的"带"展现出规整而韵律的变化，延续着中庸和谐、刚柔并济的传统文化。该馆曾承办第 29 届北京奥运会柔道、跆拳道比赛和第 13 届北京残奥会轮椅篮球、轮椅橄榄球四个比赛项目。

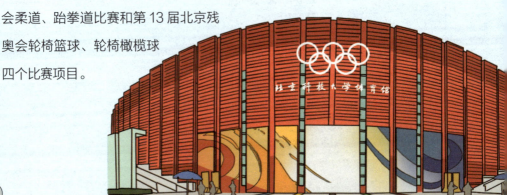

冶金生态楼

冶金生态楼建成于 2006 年，具备良好的教学、实验条件，如多媒体教室、计算机中心、激光测速、高温 X 射线衍射分析等先进实验室，是北京科技大学校内的重点建筑物之一。

天工大厦

天工大厦于 2008 年开工建设，该设计采用三个简约几何形态，通过流畅的过渡衔接构建造型，呈现出富有艺术感的立体形态，是学院桥节点乃至更大范围内的标志性建筑。

武汉理工大学

厚德博学，追求卓越

建校时间　1898 年

主 校 址　湖北省武汉市洪山区珞狮路 122 号

学校类别　理工类大学

办学层次　"211 工程"大学、"双一流"建设高校、绿色建材与新材料优势学

科创新平台

知名校友

丁烈云　中国工程院院士，华中科技大学原校长

欧进萍　结构监测、控制与防灾减灾工程专家，中国工程院院士

南策文　材料科学家，中国科学院院士

姜德生　光纤传感技术专家，中国工程院院士

丁汉　机械电子工程专家，中国科学院院士

优势学科

材料科学与工程 A   设计学 A⁻

特色学科

船舶与海洋工程   轮机工程   土木工程   建筑环境与能源应用工程   矿物加工工程等

历史沿革

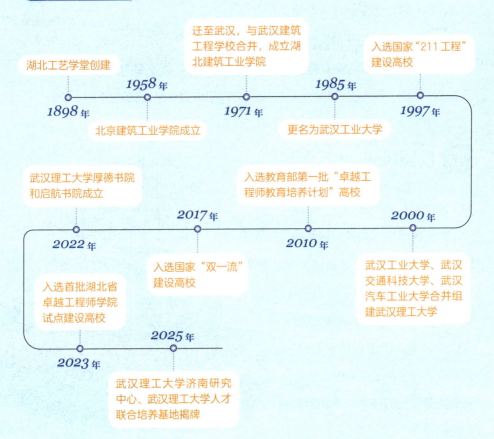

湖北工艺学堂创建

1898 年

1958 年

北京建筑工业学院成立

迁至武汉，与武汉建筑工程学校合并，成立湖北建筑工业学院

1971 年

1985 年

更名为武汉工业大学

入选国家"211 工程"建设高校

1997 年

武汉理工大学厚德书院和启航书院成立

2017 年

入选教育部第一批"卓越工程师教育培养计划"高校

2010 年

2000 年

武汉工业大学、武汉交通科技大学、武汉汽车工业大学合并组建武汉理工大学

2022 年

入选首批湖北省卓越工程师学院试点建设高校

入选国家"双一流"建设高校

2025 年

2023 年

武汉理工大学济南研究中心、武汉理工大学人才联合培养基地揭牌

校园趣闻

"马房山大学"

    马房山，地处珞喻路与雄楚大道之间，因武而起，因武而盛，相传三国时期，汉寿亭侯关羽曾治兵江夏，在此山放马，将其当作马厩，因此得名。在武汉理工大学校内的桂竹园是马房山的最高处。此外，校园内屹立着一块雕刻着"马房山"三个字的巨石，而三个校区都在马房山，所以武汉理工大学得名"马房山大学"。

两校共用一校门——"友谊门"

    "友谊门"位于武汉理工大学和华中师范大学交界处，两侧分别挂着两校的名牌，象征着两校的紧密联系和深厚友谊。校门两侧采用人脸识别和校园卡刷卡系统，师生们只需通过刷脸或刷卡就可以在各自校牌单侧进出。

校园风光

光纤传感技术国家工程实验室

    光纤传感技术国家工程实验室立足于我国大型工程与关键装备的安全监测需求，以新一代光纤传感技术为特色，致力于研究开发光纤传感新理论与核心技术，以建立基于光纤传感技术的大型工程与重大装备安全监测系统的技术体系和新产业为目标。

图书馆

武汉理工大学图书馆于 2000 年由原武汉工业大学图书馆、武汉交通科技大学图书馆和武汉汽车工业大学图书馆整合成立的,分为南湖图书馆、西院图书馆、东院图书馆和余家头图书馆 4 个主体馆,形成了以材料科学与工程、船舶与海洋工程等一级重点学科、专业为主体的馆藏学科体系。

体育中心

两馆一场,指的是武汉理工大学的体育馆、游泳馆和体育场,是一个富有设计创意的体育中心,设备和装修非常现代化,除满足学校日常教学之外,还兼顾对外开放,曾是武汉军运会的场所之一。

余家头校区

余家头校区,即原武汉交通科技大学校区,所开设的大多数专业与交通行业有关,船舶与海洋工程、轮机工程、机械设计制造及其自动化(港机方向)等专业具有显著的学科优势。

北京交通大学

知行

建校时间 1896 年

主 校 址 北京市海淀区西直门外上园村 3 号

学校类别 理工类大学

办学层次 "211 工程"大学、"双一流"建设高校、轨道交通安全优势学科创新平台

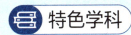 **优势学科**

系统科学 A⁺ 交通运输工程 A 信息与通信工程 A 计算机科学与技术 A⁻

管理科学与工程 A⁻ 土木工程 A⁻

特色学科

电气工程及其自动化 经济学 软件工程 车辆工程 物流管理等

历史沿革

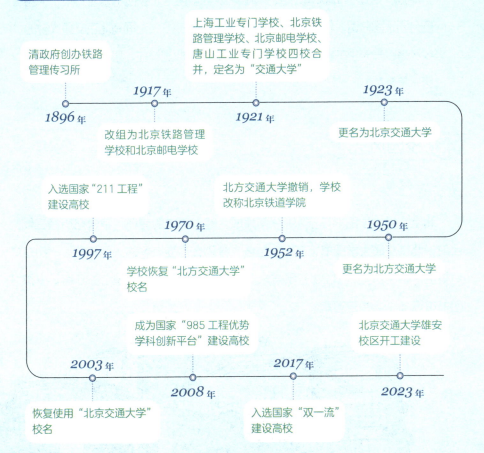

上海工业专门学校、北京铁路管理学校、北京邮电学校、唐山工业专门学校四校合并，定名为"交通大学"

清政府创办铁路管理传习所

1917 年

1896 年

1921 年

1923 年

更名为北京交通大学

改组为北京铁路管理学校和北京邮电学校

入选国家"211 工程"建设高校

北方交通大学撤销，学校改称北京铁道学院

1970 年

1950 年

1997 年

1952 年

更名为北方交通大学

学校恢复"北方交通大学"校名

成为国家"985 工程优势学科创新平台"建设高校

北京交通大学雄安校区开工建设

2003 年

2017 年

2008 年

2023 年

恢复使用"北京交通大学"校名

入选国家"双一流"建设高校

🔊 校园趣闻

"亚洲第一高"

北京交通大学南门建成于 1995 年，高 16 米，重 48 吨，有"亚洲第一高"之称。大门周身为紫褐色，内外两面书有"交通大学"，最高点有双面的交通大学校徽。其拱形的外观看起来像一个"涵洞"，象征着"交通"，对应着校名，是学校地标性建筑之一。

北京交通大学"第一美景"

明湖，始建于 1909 年，取"明诚"之意。坐落于校园的东北方向，东西两侧分别是图书馆、科学会堂。明湖西北边有爱知亭，上面有北京交通大学的老校长茅以升先生的题字。这里景致优美，令人心驰神往，堪称北京交通大学"第一美景"。

📦 校园风光

图书馆

北京交通大学图书馆于 1909 年建成，随着历史的变迁，馆舍已历经三代。目前，北京交通大学图书馆有三座馆舍，分别在海淀校区的主区和东区、山东威海校区。馆舍总面积 3.29 万平方米。共提供阅览、自习座位 2935 席。主校区图书馆设 4 个学生自习室。

"饮水思源"碑

北京交通大学饮水思源碑始建于1996年，五根石材圆形立柱寓意为五所交大同根同源，元素包含齿轮、铁砧、榔锤、链条、书本等。

"知行"碑

知行碑位于思源楼北侧，上面刻着的"知行"二字，是北京交大的校训，旨在传承百年老校优良的治学传统，弘扬交大立校的精神。

天佑会堂

天佑会堂位于南门附近，是北京交通大学的集体活动中心。这里设施设备完善，可举办较高级别的校级活动，如校庆、报告会，是北京交通大学的重要坐标之一。

长安大学

弘毅明德，笃学创新

建校时间　1951 年

主 校 址　陕西省西安市未央区尚苑路（渭水校区）

学校类别　理工类大学

办学层次　"211 工程"大学、"双一流"建设高校、公路建设和交通运营保障科学与技术优势学科创新平台

知名校友

　　　　　苏权科　高级工程师，港珠澳大桥管理局总工程师

　　　丁汉　机械电子工程专家，中国科学院院士

　　　　　胡建波　教育家，西安欧亚学院创始人

　　马建　长安大学原校长，获国家科技进步二等奖

　　　　　吕忠达　杭州湾大桥工程指挥部副总指挥、总工程师

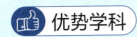 **优势学科**

交通运输工程 A⁻

特色学科

车辆工程　能源与动力工程　土木工程　机械设计制造及其自动化

地质工程　道路桥梁与渡河工程　交通运输等

历史沿革

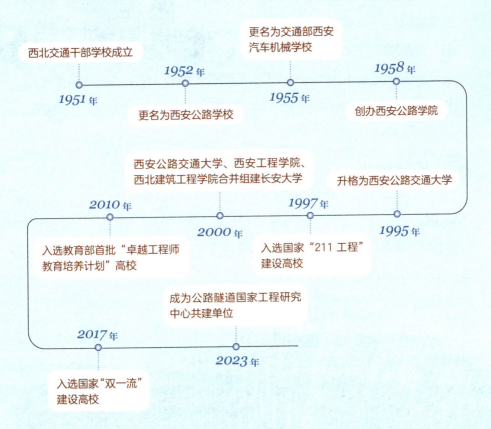

西北交通干部学校成立

更名为交通部西安
汽车机械学校

1952 年

1958 年

1951 年

1955 年

更名为西安公路学校

创办西安公路学院

西安公路交通大学、西安工程学院、
西北建筑工程学院合并组建长安大学

升格为西安公路交通大学

2010 年

1997 年

2000 年

1995 年

入选教育部首批"卓越工程师
教育培养计划"高校

入选国家"211 工程"
建设高校

成为公路隧道国家工程研究
中心共建单位

2017 年

2023 年

入选国家"双一流"
建设高校

🔊 校园趣闻

长安大学版"桃园三结义"

2000 年，西安公路交通大学、西安工程学院和西北建筑工程学院三校合并组建为长安大学，划归教育部管理。同时，"彩虹女神"雕像后的夹竹桃被嫁接成三色——白、粉、红，更与史上著名的"桃园三结义"相通。

一所被名字耽误的高校

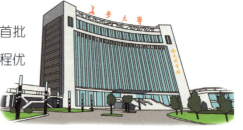

长安大学，是教育部直属高校，国家首批"211 工程"重点建设大学、国家"985 工程优势学科创新平台"建设高校、国家"双一流"建设高校。2005 年以来，教育部先后与交通部（现交通运输部）、陕西省人民政府、国土资源部（现自然资源部）、住房和城乡建设部签署共建协议，形成"四部一省"共建长安大学的办学格局。

📦 校园风光

游泳馆

长安大学渭水校区游泳馆，设置标准游泳池、训练池各一个，是学校重要的教学基础配套设施。

汽车综合试验场

长安大学汽车试验场位于渭水校区的北侧，是目前国内高校唯一的汽车综合试验场，包括五种可靠性强化典型试验道路、1.3万平方米的操纵稳定性试验广场、三种低附着系数路面、两种爬坡坡道及涉水路等专用汽车试验道路设施，此外基地还建有"汽车排放测试中心""汽车结构实验室"等教学与科研实验室，并设有供大学生驾驶实习的训练场地。

太白山实习基地

太白山实习基地（太白山校区）是长安大学重要的教育实习基地，紧邻陕西省宝鸡市眉县国家重点旅游区太白山国家森林公园，是国家"211工程"重点建设项目，也是利用交通部专项资金建设的公路学科勘测教学实验实习基地。

风洞实验室

风洞实验室的建筑面积为 1600 余平方米，建设资金为 1000 余万元，于 2004 年第二季度建成并投入使用。直流电机功率为 400 千瓦，最高风速可达 45 米 / 秒。风洞实验室主要用于桥梁和建筑结构物的模型试验，还可进行汽车模型试验。研究结构在风作用下的空气动力特性。风洞采用了自动化测量和控制系统，是一座现代化的风工程实验室。

西南交通大学

精勤求学，敦笃励志，果毅力行，忠恕任事

建校时间　1896 年

主 校 址　四川省成都市郫都区犀安路 999 号

学校类别　理工类大学

办学层次　"211 工程"大学、"双一流"建设高校、国家轨道交通工程优势学科创新平台

知名校友

茅以升　土木工程专家、桥梁专家，中国科学院院士

陈能宽　金属物理学、材料科学、工程物理学家，中国科学院院士

伍镜湖　铁道工程专家、教育家，铁道工程教育的先驱

黄寿恒　数学教授，中国近代工科数学教育的开拓者

邹世昌　材料科学家，中国科学院院士

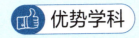 **优势学科**

交通运输工程 A⁺　土木工程 A

特色学科

电气工程及其自动化　车辆工程　建筑学　机械设计制造及其自动化　通信工程　工程力学等

历史沿革

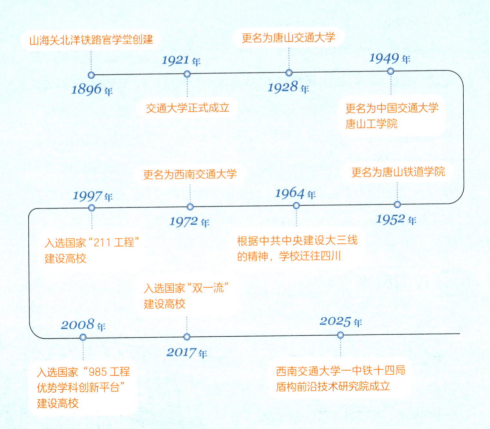

山海关北洋铁路官学堂创建
1896 年

1921 年
交通大学正式成立

更名为唐山交通大学
1928 年

1949 年
更名为中国交通大学唐山工学院

更名为西南交通大学
1997 年

1964 年
1972 年

更名为唐山铁道学院
1952 年

入选国家"211工程"建设高校

根据中共中央建设大三线的精神，学校迁往四川

入选国家"双一流"建设高校

2008 年
2017 年

2025 年

入选国家"985工程优势学科创新平台"建设高校

西南交通大学—中铁十四局盾构前沿技术研究院成立

🔊 校园趣闻

"东方康奈尔"的传奇

　　"东方康奈尔"其实是对唐山交通大学的赞誉。当时，茅以升以非常优异的成绩考取唐山工业专门学校土木科。之后，他参加清华留美官费研究生考试，以第一名录取留洋，前往美国康奈尔大学攻读桥梁专业。由于茅以升在康奈尔大学学业成绩表现优异，康奈尔大学给予了其母校学生免试研究生的资格。后来，一代代的唐山交通大学人将学校的名字扬名海内外。又因西南交通大学的前身之一是唐山交通大学，所以延续了这个名号。

与"清华园"相似的校门

　　西南交通大学犀浦校区南大门坐落于成都市西部的高新区，这座校门由河北省唐山市政府捐建，寓意为交大不忘曾经的唐山岁月，支持唐山的科教发展。这座大门复刻了当年唐山交通大学校园的老校门样式。唐山校园的老校门由中国建筑学家庄俊设计，当时他参与了清华校园的建设规划和部分设计工作，因而构思了两个风格统一的校门设计方案，一个赠给了母校唐山交通大学，一个留给了任教的清华大学，这也是交通大学校门与"清华园"大门如此相似的原因。

📦 校园风光

茅以升图书馆

　　茅以升图书馆坐落于九里校区，始建于1991年，为纪念中国著名桥梁专家茅以升120周年诞辰，特以其姓名作为馆名。

"俟实扬华"碑

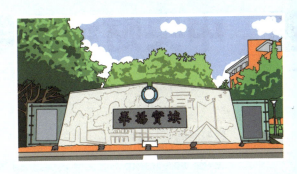

　　俟实扬华碑位于犀浦校区。1916年，范源濂先生时任教育总长，亲自书写了一方匾额，赠予唐山工业专门学校。这份珍贵的历史文物现存于西南交通大学档案馆内。

机车博物园

　　机车博物园位于犀浦校区南北人文轴顶端，是我国首个高校机车博物园，是中国博物馆联盟首批成员单位，其先贤塑像群、校史馆和图书馆，是交大文化宣传的第一站。

钟亭

　　钟亭矗立在犀浦生态绿岛，造型古典精美，四柱通透设计，放置在环形的台阶顶部，罗马式样的石柱和弓形顶的符号延续了老唐山交通大学的建筑风格，是西南交通大学最具人文气息的代言建筑。

中央财经大学

忠诚、团结、求实、创新

建校时间 1949 年

主 校 址 北京市海淀区学院南路 39 号

学校类别 财经类大学

办学层次 "211 工程"大学、"双一流"建设高校、经济学与公共政策优势学
科创新平台

知名校友

王广谦　教授、博士生导师

王柯敬　教授、博士生导师

史建平　教授、博士生导师

姚遂　教授、博士生导师

郝如玉　教授、博士生导师

优势学科

应用经济学 A　工商管理 A

特色学科

保险学　统计学　金融学　会计学　财政学　市场营销　信息管理与信息系统　税收学等

历史沿革

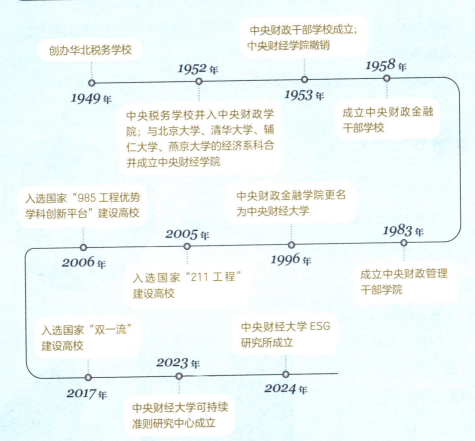

创办华北税务学校
1949 年

1952 年
中央税务学校并入中央财政学院；与北京大学、清华大学、辅仁大学、燕京大学的经济系科合并成立中央财经学院

1953 年

中央财政干部学校成立；中央财经学院撤销
1958 年
成立中央财政金融干部学校

入选国家"985 工程优势学科创新平台"建设高校
2006 年

2005 年
入选国家"211 工程"建设高校

中央财政金融学院更名为中央财经大学
1996 年

1983 年
成立中央财政管理干部学院

入选国家"双一流"建设高校
2017 年

2023 年
中央财经大学可持续准则研究中心成立

中央财经大学 ESG 研究所成立
2024 年

校园趣闻

"中国财经管理专家的摇篮"

中央财经大学建立起以经济学、管理学和法学学科为主体，文学、理学、工学、教育学、艺术学等多学科协调发展的学科体系，形成了独特的育人模式，为国家经济建设和社会发展输送了大批优秀的财经管理专业人才，被誉为"中国财经管理专家的摇篮"。

"龙马担乾坤"的秘密

"龙马担乾坤"雕塑由龙马和象征乾坤的太极球组成，以青铜铸就，通高9米，体现了中华民族顶天立地的气质。雕塑的基座镌刻着韩美林先生的书法作品"吞吐大荒"，与雕塑珠联璧合，相映生辉。中财学子，亦如龙有触天之才，亦如马有腾越四方之志也。

校园风光

学术会堂

学术会堂位于学院南路校区，是学校大型活动、讲座、会议等的举办地。

骋望楼

骋望楼是沙河校区图书馆，始建于2009年，地上5层，地下2层，总建筑面积为30501平方米。

运动场

　　沙河校区运动场包含田径场（含足球场）1块、篮球场12块、排球场6块、网球场8块、乒乓球台19个、力量房1间、沙滩排球场4块、攀岩场地1个。学院南路校区运动场有田径场（含足球场）1块、篮球场6块、排球场4块、网球场2块。

大学生活动中心

　　大学生活动中心简称"大活"，位于沙河校区，设有羽毛球场地、金厅、橙厅、中财科技园等功能区。

上海财经大学

厚德博学，经济匡时

建校时间	1917 年
主 校 址	上海市杨浦区国定路 777 号
学校类别	财经类大学
办学层次	"211 工程"大学、"双一流"建设高校、经济学优势学科创新平台

知名校友

曹沛霖　教授，博士生导师

　　　　　　　　　　庄福龄　教授，博士生导师

高晓声　作家

　　　　秦瘦鸥　作家

　　　　　　　　梅汝恺　作家、翻译家

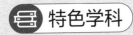 **优势学科**

应用经济学 A⁺ 工商管理 A⁺ 理论经济学 A 统计学 A⁻

特色学科

会计学 金融学 财政学 国际经济与贸易等

历史沿革

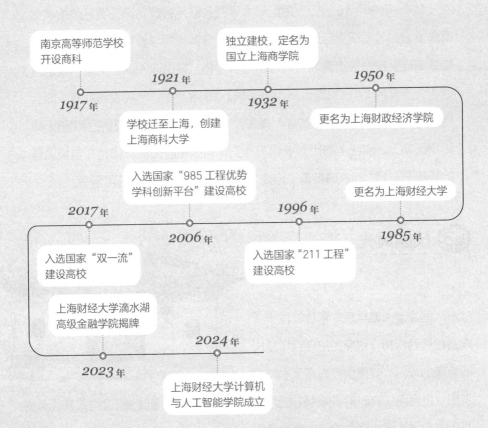

南京高等师范学校
开设商科

独立建校，定名为
国立上海商学院

1921 年

1917 年

1932 年

1950 年

学校迁至上海，创建
上海商科大学

更名为上海财政经济学院

入选国家"985 工程优势
学科创新平台"建设高校

更名为上海财经大学

2017 年

1996 年

2006 年

1985 年

入选国家"双一流"
建设高校

入选国家"211 工程"
建设高校

上海财经大学滴水湖
高级金融学院揭牌

2024 年

2023 年

上海财经大学计算机
与人工智能学院成立

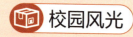

校园趣闻

校庆日

1985 年 9 月 17 日，财政部正式发文（85）财教字第 1 号，批复同意上海财经学院更名为上海财经大学。2014 年 5 月 5 日，经教育部核准的《上海财经大学章程》第一章第十二条明确规定上海财经大学的校庆日为 9 月 17 日。

校名是谁写的

1985 年 9 月 19 日，上海财经大学党政联席会议讨论了更名后的具体筹备事宜，着重研究应该请哪一位中央领导同志为学校题写校名之事。经集体商议，校方决定请陈云同志题写新校名。在财政部陈如龙副部长的建议下，于 9 月 24 日给陈云同志写了信。10 月上旬，学校收到回复，陈云同志写了两幅"上海财经大学"墨宝。11 月 22 日，在学校更名和建校 68 周年庆典上，时任上海市委书记芮杏文、财政部副部长陈如龙在学校领导的陪同下一起为新校牌揭幕。自此，陈云同志题写的校名沿用至今。

校园风光

老校门

"国立上海商学院"老校门位于武东路校区西南角，这座为纪念百年校庆而复建的校门，其原型可追溯至学校前身国立上海商学院时期。该建筑造型典雅庄重，既保管中国传统，又融入现代风格，是上海财经大学校园内的标志性建筑之一。

英贤图书馆

英贤图书馆位于武川路校区，是上海财经大学图书馆的主馆，馆名"英贤"取自校董高央之母高文英、慈父鲁家贤名字中的二字，寄托着高央先生对父母的孝思与感恩之情，也蕴含着德才兼备之意，激励学子以"英贤"为榜样，不断追求卓越。

育衡楼

育衡楼，上海财经大学校史馆、商学博物馆。该展馆通过丰富的历史资料和文物藏品，以多样化的陈列形式完整地展现了学校跌宕起伏的办学历程，传承和弘扬了学校的优良传统与匡时文化。

体育馆

上海财经大学的体育场馆包含现代化综合体育馆 2 座、标准田径场 1 个、篮球场 17 块、网球场 8 块、排球场 6 块、风雨操场 1 间、羽毛球馆 1 座、健身房 1 间，可以满足学子们不同的运动需求。

中南财经政法大学

博文明理，厚德济世

建校时间 1948 年

主 校 址 湖北省武汉市东湖高新技术开发区南湖大道 182 号

学校类别 财经政法类大学

办学层次 "211 工程"大学，"双一流"建设高校，经、法、管学科融通创新
与我国社会建设优势学科创新平台

知名校友

张明楷　刑法学家，教授、博士生导师

　　　　张卓元　经济学家，中国社会科学院学部委员

王利明　民法学专家，教授、博士生导师

　　　　王清刚　教授、博士生导师

　　　　李希慧　刑法学家，教授、博士生导师

👍 优势学科

法学 A   应用经济学 A⁻   工商管理 A⁻

特色学科

财政学   行政管理   会计学   金融学   市场营销等

🎬 历史沿革

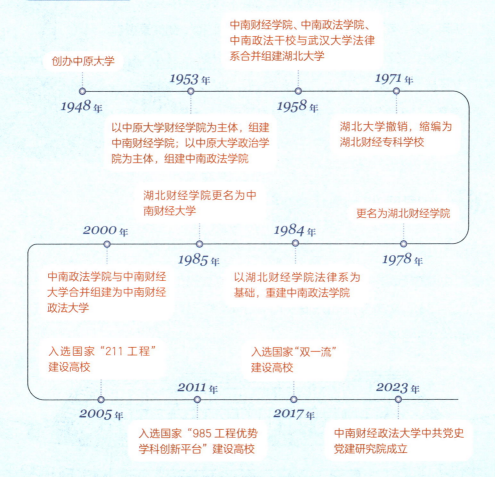

创办中原大学

1948 年

中南财经学院、中南政法学院、
中南政法干校与武汉大学法律
系合并组建湖北大学

1953 年

1958 年

1971 年

以中原大学财经学院为主体，组建
中南财经学院；以中原大学政治学
院为主体，组建中南政法学院

湖北大学撤销，缩编为
湖北财经专科学校

湖北财经学院更名为中
南财经大学

2000 年

1984 年

更名为湖北财经学院

1985 年

1978 年

中南政法学院与中南财经
大学合并组建为中南财经
政法大学

以湖北财经学院法律系为
基础，重建中南政法学院

入选国家"211 工程"
建设高校

入选国家"双一流"
建设高校

2011 年

2023 年

2005 年

2017 年

入选国家"985 工程优势
学科创新平台"建设高校

中南财经政法大学中共党史
党建研究院成立

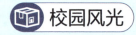

校园趣闻

国内唯一"以高铁为校车"的大学

中南财经政法大学有两个校区，首义校区在武昌火车站旁，南湖校区在南湖东站旁，两站之间运行动车仅需12分钟，比公交和校车快得多，是国内第一所实现两校区动车通勤的大学。

这是一所很"水"的大学

中南财经政法大学的建筑的命名体系具有鲜明特色，主要采用"文"字为前缀，后接一个"水"意象的字，如文泰楼、文澜楼、文波楼、文治楼、文溯楼、文潭楼、文泉楼……因此，有人认为这所学校很"水"。事实上，中南财经政法大学可是教育部直属的全国重点大学哦。

校园风光

图书馆

中南财经政法大学图书馆前身是中原大学图书馆，现有南湖校区的老图书馆（文溯楼）、文涛楼古籍馆、逸夫图书馆以及首义校区图书馆4座馆舍，建筑总面积达3.9万平方米。

文波楼

文波楼是新闻与文化传播学院、外国语学院、统计与数学学院的办公场所和实验室所在地，因它们均以"波（光波、声波、脑电波）"来传授知识、传播文化，因而得名。

艺体中心

中南财经政法大学艺体中心总用地面积 32844 平方米，建筑面积 13300 平方米。一区为体育馆，二区为音乐厅。

中南楼

中南楼位于首义校区，是学校的行政楼，可办理校园卡缴费、水卡电卡充值等业务。该楼因学校名以"中南"开头，且历史上以"中南"命名时间最长，因而得名。

西南财经大学

严谨、勤俭、求实、开拓

建校时间 1925 年

主 校 址 四川省成都市青羊区光华村街 55 号

学校类别 财经类大学

办学层次 "211 工程"大学、"双一流"建设高校、金融学科群与中国金融创新发展优势学科创新平台

知名校友

刘国恩 公共卫生专家、卫生经济学家，中国医学科学院学部委员

谢霖 教育家，中国第一位注册会计师

吴忠观 人口学家

赵德武 教授、博士生导师

殷孟波 教授、博士生导师

👍 优势学科

应用经济学 A⁺　工商管理 A　统计学 A⁻

🗂 特色学科

金融学　财务管理　市场营销　法学等

🎥 历史沿革

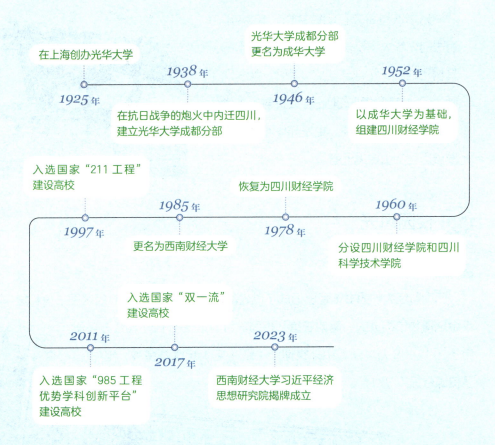

光华大学成都分部
更名为成华大学

在上海创办光华大学

1938 年

1952 年

1925 年

1946 年

在抗日战争的炮火中内迁四川，
建立光华大学成都分部

以成华大学为基础，
组建四川财经学院

入选国家"211 工程"
建设高校

恢复为四川财经学院

1985 年

1960 年

1997 年

1978 年

更名为西南财经大学

分设四川财经学院和四川
科学技术学院

入选国家"双一流"
建设高校

2011 年

2023 年

2017 年

入选国家"985 工程
优势学科创新平台"
建设高校

西南财经大学习近平经济
思想研究院揭牌成立

🔊 校园趣闻

"中国金融人才库"

  1985 年，四川财经学院更名为西南财经大学，由中国人民银行主管，是西南地区唯一的综合性高等财经学府，培养出数万名高质量人才，其中不乏许多金融行业的领军人物，如刘诗白、汤象龙、谢霖、陈豹隐、许延星等，"中国金融人才库"的美名由此得来。

光华铁树

  光华铁树耸立在明德楼前，1939 年由当时的光华大学校长谢霖带领师生种下的，其树形奇特，构成了"V"字形，既展现了师生们对抗战胜利的期盼，又折射出光华师生们深厚的爱国情操，更是光华学园数十载发展历程的重要见证者。

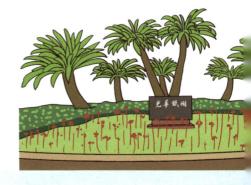

📦 校园风光

图书馆

  西南财经大学图书馆现已形成了以光华校区文献中心、柳林校区图书馆和货币金融博物馆构成的"两地三馆"格局。目前馆藏图书约 228 万多册，电子图书 468 万多册，中外文期刊（纸＋电）16000 余种，电子资源数据库 271 个。

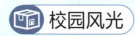

三拱门

　　三拱门是西南财经大学的前身——1925 年在上海创立的光华大学的校门。它体现了学校的发展历程，也时刻提醒着西财人继承和发扬光华风骨，不忘使命，孜孜以求，经世济民。

钟楼

　　钟楼位于柳林校区柳湖岸畔，每天都会定时响起。它不仅诉说着财大九十载波澜壮阔的历史，更是激励着西财人朝夕孜孜，以兴国邦。

体育馆

　　光华校区体育场面积为 58143 平方米，综合体育场馆 13110 平方米，总面积为 71253 平方米。该场地曾作为第 31 届世界大学生夏季运动会排球项目比赛、热身的场馆投入使用。

中国政法大学

厚德、明法、格物、致公

建校时间　1952 年

主 校 址　北京市海淀区西土城路 25 号

学校类别　政法类大学

办学层次　"211 工程"大学、"双一流"建设高校、法治建设与人才培养优势学科创新平台

知名校友

王家福　法学家，中国社会科学院学部委员

郑成思　法学家、知识产权专家，中国社会科学院学部委员

陈瑞华　法学家

陈卫东　教授、博士生导师

贺卫方　教授、博士生导师

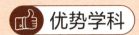 **优势学科**

法学 A$^+$

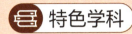 **特色学科**

政治学与行政学　社会学等

历史沿革

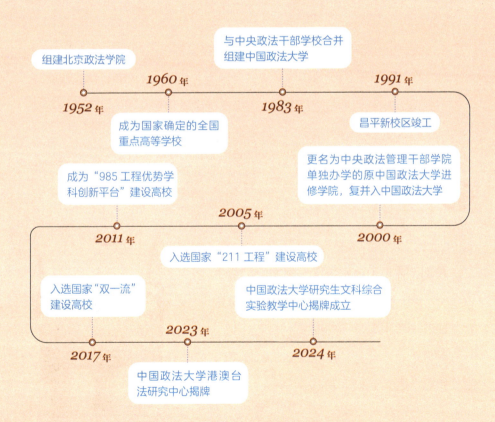

组建北京政法学院

1960 年

与中央政法干部学校合并
组建中国政法大学

1991 年

1952 年

1983 年

成为国家确定的全国
重点高等学校

昌平新校区竣工

成为"985 工程优势学
科创新平台"建设高校

更名为中央政法管理干部学院
单独办学的原中国政法大学进
修学院，复并入中国政法大学

2005 年

2011 年

2000 年

入选国家"211 工程"建设高校

入选国家"双一流"
建设高校

中国政法大学研究生文科综合
实验教学中心揭牌成立

2023 年

2017 年

2024 年

中国政法大学港澳台
法研究中心揭牌

🔊 校园趣闻

"中国法学的最高学府"

中国政法大学的前身是北京政法学院，由北京大学、清华大学、燕京大学三校法律系和政治系，以及辅仁大学社会系合并组成。1983 年，北京政法学院与中央政法干部学校合并，组建为中国政法大学。现在的中国政法大学以法学学科为特色和优势，形成了政治学、经济学、管理学、文学、历史学、哲学、教育学、理学、工学等多学科协调发展的体系。

钱端升纪念馆

钱端升纪念馆位于中国政法大学海淀校区综合科研楼一层，于 2017 年 5 月正式开馆，为纪念中国政法大学前身北京政法学院首任院长钱端升先生而建。馆藏包括日记、笔记、中英文信函、手稿及钱先生用过的实物等资料 2300 多卷（件）。

📦 校园风光

校训宝鼎

校训宝鼎位于昌平校区礼堂南侧，整体高度 3.2 米，外部直径 2.5 米，内部空间直径 1.9 米，深 1.0 米，采用锡青铜材质打造，以三足鼎为基本造型，该鼎器不仅是校园的重要景观，更承载着学校的文化精神。

"法治天下"碑

　　"法治天下"碑位于学院路校区东北角，由中国政法大学校友赠送。"法治天下"由江平先生题写，以抒彰校友入校之志向和追求，并与后学共勉之。

《法镜》

　　《法镜》位于昌平校区主教楼前，其名源于"明镜高悬"。"镜"在古代象征着为官清正廉洁，如今象征着司法公正；其设计在造型上巧妙融合方与圆的几何形态，取自于《孟子·离娄上》"不以规矩，不成方圆"之意，体现法律的庄重。

法治广场

　　法治广场位于昌平校区内，主体建筑为两面主题墙，一面以《苏格拉底之死》为主题，另一面以《世界人权宣言》全文为主题，是师生开展文体娱乐活动和感受法治文化氛围的重要区域。

199

中国石油大学（北京）

厚积薄发，开物成务

建校时间　1953 年

主 校 址　北京市昌平区府学路 18 号

学校类别　理工类大学

办学层次　"211 工程"大学、"双一流"建设高校、油气资源勘探开发与转化优势学科创新平台

知名校友		
王启民	高级工程师，荣获"人民楷模"国家荣誉称号	
	何国钟	物理化学家，中国科学院院士
郑万刚	获"2022 年度中国石化十大杰出青年岗位能手"称号	
	陈明	钻井院的技术骨干、首席专家

👍 优势学科

石油与天然气工程 A⁺ 地质资源与地质工程 A⁺ 化学工程与技术 A 安全科学与工程 A⁻

特色学科

油气储运工程 机械设计制造及其自动化 应用化学 勘查技术与工程环保工程等

🎥 历史沿革

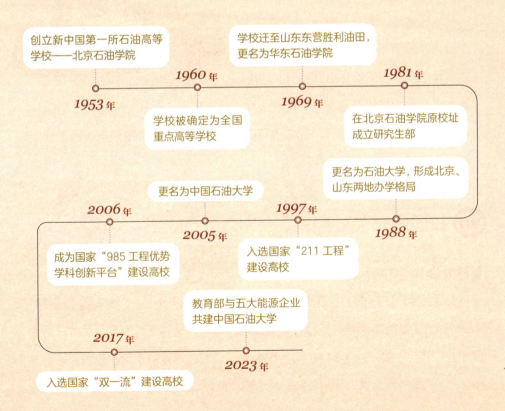

创立新中国第一所石油高等学校——北京石油学院

学校迁至山东东营胜利油田，更名为华东石油学院

1960 年

1981 年

1953 年

1969 年

学校被确定为全国重点高等学校

在北京石油学院原校址成立研究生部

更名为石油大学，形成北京、山东两地办学格局

更名为中国石油大学

2006 年

1997 年

2005 年

1988 年

成为国家"985 工程优势学科创新平台"建设高校

入选国家"211 工程"建设高校

教育部与五大能源企业共建中国石油大学

2017 年

2023 年

入选国家"双一流"建设高校

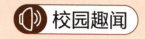

一天之内三大学院成立

2021年9月5日，中国石油大学（北京）一次性揭牌成立了三个学院：碳中和未来技术学院、碳中和示范性能源学院和数智油气现代产业学院。新学院的成立，既是为了响应"双碳"目标，支持国家能源转型这一重大发展战略，也将助力中国石油大学培养高素质人才，加快布局新兴交叉学科，以及碳中和领域的科学研究。

开启智慧之门的钥匙

"开启智慧之门的钥匙"是中国石油大学的标志性建筑，建成于1996年，由北京工业大学建筑系宛素春教授等人设计，是青年园景观群的重要组成部分。四座钥匙形立柱分别代表石油地质、石油工程、石油化工、石油机械这四个中国石油大学的传统优势学科，立柱下方中央的长石下有水泵带动水池的水穿过石孔流出，寓意为石油滚滚流。

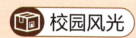 校园风光

《石大魂》

《石大魂》位于学校北校园中轴线上，落成于1994年，其设计融合了红烛、火焰、地球等富有深意的造型。这些艺术元素生动体现了中国石油大学（北京）的办学特色，寓意为中国石油大学致力于培养石油人才、开发地下能源的执着追求，预示着事业发展如熊熊燃烧的地火蓬勃兴旺。

图书馆

中国石油大学（北京）图书馆始建于 1994 年，拥有丰富的纸质资源供广大读者借阅。截至 2020 年底，图书馆拥有纸质资源 120 余万册，中外文纸质期刊 147 种，报纸 64 种，电子图书 335 万册，电子期刊 3.5 万种，订购与共建共享数据库 92 种，自建数据库 3 种。

"艰苦奋斗"彩车

"艰苦奋斗"彩车位于东校园东教学楼前广场，是为庆祝中华人民共和国成立 70 周年大会所用的游行彩车，承载着中国石油大学师生最难忘的国庆记忆，寄托中国石油大学师生最炽烈深沉的牵挂。

克拉玛依校区

中国石油大学（北京）克拉玛依校区始建于 2015 年，位于新疆克拉玛依市，现有本科专业 26 个，覆盖工学、理学、经济学、管理学、文学、法学 6 个学科门类。

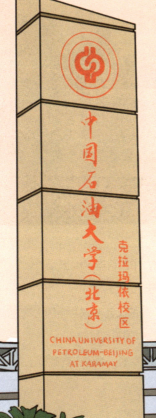

中国石油大学（华东）

惟真惟实

建校时间　1953 年

主 校 址　山东省青岛市黄岛区长江西路 66 号

学校类别　理工类大学

办学层次　"211 工程"大学、"双一流"建设高校、油气资源勘探开发与转化优势学科创新平台

知名校友

何国钟　物理化学家，中国科学院院士

汪燮卿　有机化工专家，中国工程院院士

杨启业　炼油工艺专家，中国工程院院士

时铭显　教育家，科学家，化学工程与装备专家，中国工程院院士

郑颖人　岩土工程与地下工程专家，中国工程院院士

👍 优势学科

石油与天然气工程 A⁺　地质资源与地质工程 A⁺　化学工程与技术 A　安全科学与工程 A⁻

特色学科

油气储运工程　机械设计制造及其自动化　应用化学　勘查技术与工程环保设备工程等

🎥 历史沿革

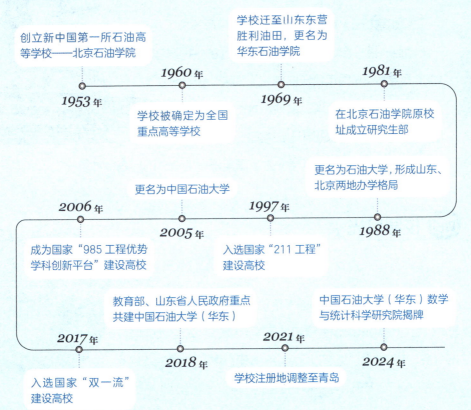

创立新中国第一所石油高等学校——北京石油学院

学校迁至山东东营胜利油田，更名为华东石油学院

1960 年

1981 年

1953 年

1969 年

学校被确定为全国重点高等学校

在北京石油学院原校址成立研究生部

更名为石油大学，形成山东、北京两地办学格局

更名为中国石油大学

2006 年

1997 年

2005 年

1988 年

成为国家"985 工程优势学科创新平台"建设高校

入选国家"211 工程"建设高校

教育部、山东省人民政府重点共建中国石油大学（华东）

中国石油大学（华东）数学与统计科学研究院揭牌

2017 年

2021 年

2018 年

2024 年

入选国家"双一流"建设高校

学校注册地调整至青岛

🔊 校园趣闻

中国石油大学的"前世今生"

　　1953 年，以清华大学石油工程系为基础，汇集北京大学、天津大学、大连工学院等著名高校的相关师资力量和办学条件，组建了新中国第一所石油高等院校——北京石油学院，这是中国石油大学的"前身"。1969 年，学校迁至胜利油田所在地——山东东营，更名为华东石油学院。2005 年，学校更名为中国石油大学，教育部与山东省人民政府签署共建中国石油大学（华东）协议，这是中国石油大学的"今生"。

《创造太阳》

　　《创造太阳》雕塑，在东营校区和青岛校区各有一座，且一模一样，是学校最具代表性的主题雕塑，1988 年学校 35 周年校庆时由校友捐赠，设计者是唐大禧。雕塑将海洋、大地、太阳和人体有机结合，诠释了能源开发创造的历程，充分展示了中国石油大学学子为祖国能源事业奋斗的崇高精神。

📦 校园风光

图书馆

　　中国石油大学（华东）图书馆现有 3 座馆舍，分别是唐岛湾校区总馆和东馆、古镇口校区学习中心。截至 2024 年 12 月底，馆藏图书总量超过 350.48 万册，中外文数据库 117 个，电子书 253.72 万册，电子期刊 2.57 万种，学位论文 1269.49 万篇。

图书馆（东馆）

中国石油大学（华东）图书馆（东馆）是一座综合性建筑，由图书馆、石油科技博物馆、校史馆、音乐厅组成。

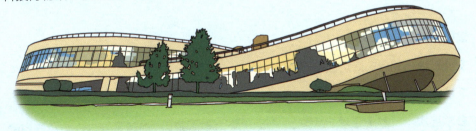

体育馆

中国石油大学（华东）唐岛湾校区体育馆建成于 2009 年，是青岛西海岸新区功能最全、配备最完善的现代化综合性体育馆，是青岛西海岸新区的地标性建筑之一。

大礼堂

大礼堂位于东营科教园内，修建于 1977 年，原名为大饭厅，是学生饭厅及教职工集会场所，后经过改造，使其功能变为大礼堂，用于举行集会和大型文艺活动。

中国地质大学（北京）

艰苦朴素，求真务实

建校时间　1952 年

主 校 址　北京市海淀区学院路 29 号

学校类别　理工类大学

办学层次　"211 工程"大学、"双一流"建设高校、地球系统过程与矿产资源优势学科创新平台

知名校友

刘宝珺　沉积地质学家，中国科学院院士

马宗晋　地质学家，中国科学院院士

欧阳自远　天体化学与地球化学家，中国科学院院士

张弥曼　古脊椎动物学家，中国科学院院士

叶大年　矿物学家、人文地理学家，中国科学院院士

优势学科

地质学 A⁺ 地质资源与地质工程 A⁺ 地球物理学 A⁻

特色学科

地理信息科学 地下水科学与工程 土地资源管理 材料科学与工程等

历史沿革

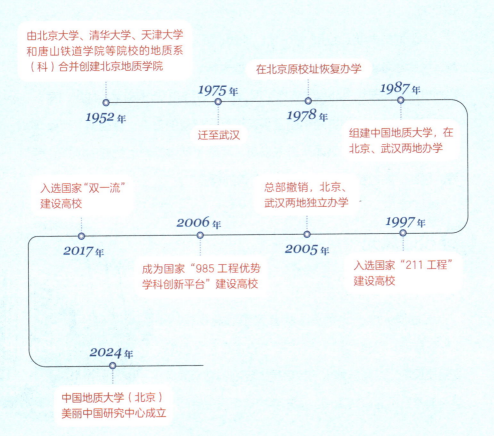

由北京大学、清华大学、天津大学和唐山铁道学院等院校的地质系（科）合并创建北京地质学院

在北京原校址恢复办学

1975 年

1987 年

1952 年

1978 年

迁至武汉

组建中国地质大学，在北京、武汉两地办学

入选国家"双一流"建设高校

总部撤销，北京、武汉两地独立办学

2006 年

1997 年

2017 年

2005 年

成为国家"985 工程优势学科创新平台"建设高校

入选国家"211 工程"建设高校

2024 年

中国地质大学（北京）美丽中国研究中心成立

📢 校园趣闻

新简称：北地、中地大

为地球科学领域世界一流大学建设提供制度保证，按照教育部要求，2021 年 11 月，中国地质大学（北京）正式启动了章程的修订工作。2022 年 11 月 15 日，教育部核准了《中国地质大学（北京）章程修正案》。根据章程第二条规定：学校中文名称为中国地质大学（北京），简称北地、中地大。从此，地大、北京地大的简称就被新简称替换了。

会挖地，但不仅止于"地"

中国地质大学（北京）是一所以地质、资源、环境为特色，理、工、文、管、经、法等多学科协调发展的研究型大学。如以王成善院士为首席科学家的松辽盆地国际大陆科学钻探工程，建立了完整的陆相白垩系地质档案，填补了国际地球科学界陆相白垩系连续沉积记录的空白；我国第一支海洋物探队队长刘光鼎带领团队进入渤海，完成了新中国海上找油的创举；等等。因此，北地被誉为"地质人才培养的摇篮"。

📦 校园风光

中国地质大学国际会议中心

中国地质大学（北京）国际会议中心总规模达 2.7 万平方米，设有 369 间风格别致的客房，客房配备高品质设施，为商务繁忙的旅客提供定制的贴心服务，以学府典雅氛围为来宾营造舒适宁静的理想居住空间。

体育馆

中国地质大学（北京）体育馆由游泳馆、篮球馆、室内攀岩壁、文体中心、地下健身用房等几个部分组成。

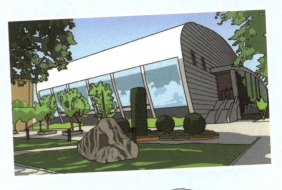

摇篮石

"摇篮"由校友、国务院原总理温家宝同志题写，寓意为"地质工程师的摇篮"。

逸夫楼（地质博物馆）

中国地质大学（北京）博物馆前身为北京地质学院博物馆，建于1952年。该博物馆于2008年搬迁至校内新建的逸夫实验楼的10—12层，分为地球科学厅、恐龙厅、地球与生命演化历史厅和地球物质厅4个展厅。现馆藏标本总量55000余件，其中公开展出4000余件。

中国地质大学（武汉）

艰苦朴素，求真务实

建校时间 1952 年

主 校 址 湖北省武汉市洪山区鲁磨路 388 号

学校类别 理工类大学

办学层次 "211 工程"大学、"双一流"建设高校、地球系统过程与矿产资源优势学科创新平台

知名校友

张水昌 中国科学院院士，主要从事石油地质与地球化学研究

杜时贵 矿山工程地质专家，中国工程院院士

郝芳 中国科学院院士，主要从事油气成藏机理研究

王焰新 水文地质学家，中国科学院院士

谢树成 地球生物学家，中国科学院院士

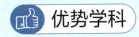 **优势学科**

地质学 A$^+$　地质资源与地质工程 A$^+$　地球物理学 A$^-$

特色学科

安全工程　水文与水资源工程　环境工程　勘查技术与工程等

历史沿革

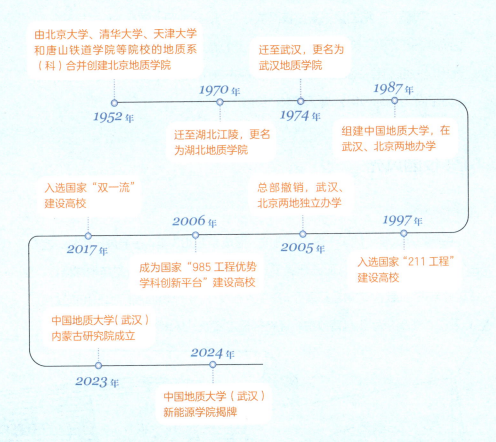

由北京大学、清华大学、天津大学和唐山铁道学院等院校的地质系（科）合并创建北京地质学院

1952 年

迁至湖北江陵，更名为湖北地质学院

1970 年

1974 年

迁至武汉，更名为武汉地质学院

1987 年

组建中国地质大学，在武汉、北京两地办学

入选国家"双一流"建设高校

2017 年

2006 年

成为国家"985 工程优势学科创新平台"建设高校

总部撤销，武汉、北京两地独立办学

2005 年

1997 年

入选国家"211 工程"建设高校

中国地质大学（武汉）内蒙古研究院成立

2023 年

2024 年

中国地质大学（武汉）新能源学院揭牌

校园趣闻

"七校联盟"之一

所谓"七校联盟"即武汉七所高校联合办学，包括武汉大学、华中科技大学、华中师范大学、武汉理工大学、中国地质大学（武汉）、华中农业大学和中南财经政法大学。这七所高校的本科生，可修其中任何学校的双学位，相当于"一张录取通知书，可上七所名校"。

"呵呵门"

"呵呵门"指的是未来城校区的新北门，在地图上看是一张"笑脸"，因而得名。这张"笑脸"由三个主要元素构成，两只眼睛是两处圆形花圃，嘴巴是一面刻着"艰苦朴素、求真务实"8个大字的弧形景墙，花坛、墙及左右的道路巧妙组合成了这张"笑脸"。

校园风光

逸夫博物馆

中国地质大学（武汉）逸夫博物馆，落成于2003年，主要展出矿物、岩石、古生物化石等地质标本，现已开辟了6个常设展厅，分别为行星与地球展厅、生命起源与进化展厅、矿物岩石展厅、珠宝玉石展厅、矿产资源展厅和张和捐赠展厅，以及2个临时展厅和科普教室，还将开设水资源、环境和地质灾害展厅。

中国地质大学逸夫博物馆

游泳馆

中国地质大学（武汉）游泳馆位于校园东区内，总建筑面积 4506 平方米，总建筑高度 15 米，分为东侧、西侧两部分。可承接大型专业的游泳赛事，是中国地质大学的地标性建筑之一。

图书馆

中国地质大学（武汉）图书馆的前身是北京地质学院图书馆，目前有两座馆舍。南望山校区图书馆坐落于校园西区，正对学校大门，是学校的标志性建筑之一。未来城校区图书馆（未来图书馆）坐落于未来城校区的正中央，已于 2020 年 9 月开放。

四重门

四重门位于南望山校区，由学校四个历史时期的校名组成，即北京地质学院、湖北地质学院、武汉地质学院和中国地质大学。它不仅是简单的物化载体，更是中国地质大学师生精神气质的重要体现。

中国矿业大学（北京）

明德至善，好学力行

建校时间 1909 年

主 校 址 北京市海淀区学院路丁 11 号

学校类别 理工类大学

办学层次 "211 工程"大学、"双一流"建设高校、煤炭资源安全开采与洁净利用优势学科创新平台

知名校友

钱鸣高	采矿工程专家，中国工程院院士
周世宁	矿山瓦斯防治专家、安全工程专家，中国工程院院士
彭苏萍	矿山工程地质与工程物探专家，中国工程院院士
何满潮	矿山工程岩体力学专家，中国科学院院士
武强	水文地质环境地质学家，中国工程院院士

优势学科

矿业工程 A⁺ 安全科学与工程 A⁺ 测绘科学与技术 A⁻ 地质资源与地质工程 A⁻ 土木工程 A⁻

特色学科

采矿工程 安全工程 矿物加工工程 工程力学 电气工程及其自动化等

历史沿革

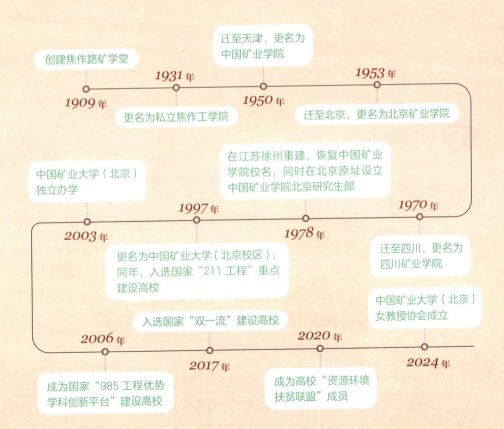

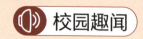 **校园趣闻**

两校区地铁一线直达

　　2023 年 2 月初，北京地铁昌平线南延一期正式投入运营，使中国矿业大学（北京）沙河校区与学院路校区之间实现了轨道交通一线直达。该站为六道口站，可与 15 号线进行换乘，站台设计以《生长》为核心理念，以学院路两侧的白蜡树作为视觉元素，运用几何形式造型手法，巧妙融入六道口周边标志性人文和地理建筑特征。整个空间设计借用树的生命力表达知识的力量，致敬周边林立学府培养出的一代代杰出人才。

没有女生的专业

　　矿大的采矿工程专业由于其学科特点，不适宜女生就读，其他专业都没有男女生比例限制。

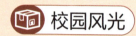 **校园风光**

民族楼

　　中国矿业大学（北京）的民族楼由梁思成先生设计，建筑整体采用坐北朝南布局，平面呈倒"凹"字造型，单檐庑殿，配以浮雕镂空装饰，极具中国建筑特色。

图书馆

中国矿业大学（北京）图书馆的前身可追溯到 1909 年创办的焦作路矿学堂图书馆，现有学院路校区图书馆和沙河校区图书馆两馆，初步形成以矿业工程为特色，以工程技术为重点，理、工、文、经、管等多学科协调发展的馆藏体系。

中心广场

中心广场位于沙河校区内，紧邻教学楼、实验楼，是学生休闲、散步的好去处。

主教学楼（沙河校区）

中国矿业大学（北京）沙河校区位于昌平区沙河高教园区西南部，与主校区相距 22 公里，总占地面积 200 余亩，建有完善的基础设施，可容纳 6000 余名学生学习生活。

中国矿业大学

崇德尚学

建校时间 1909 年

主 校 址 江苏省徐州市铜山区大学路 1 号

学校类别 综合类大学

办学层次 "211 工程"大学、"双一流"建设高校、煤炭资源安全开采与洁净利用优势学科创新平台

知名校友

谢和平 力学与能源工程专家，中国工程院院士

宋振骐 矿山压力及岩层控制学家，中国科学院院士

鲜学福 矿山安全技术专家，中国工程院院士

沈树忠 地层古生物学家，中国科学院院士

康红普 采矿工程专家，中国工程院院士

👍 优势学科

矿业工程 A⁺ 安全科学与工程 A⁺ 测绘科学与技术 A⁻ 地质资源与地质工程 A⁻ 土木工程 A⁻

📚 特色学科

采矿工程 机械工程及自动化 矿物加工工程 工程力学 电气工程及其自动化 地质工程等

🎥 历史沿革

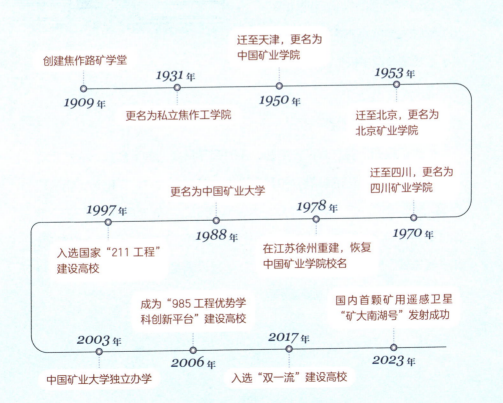

"矿业界的黄埔军校"

中国矿业大学的前身为焦作路矿学堂，是煤炭高等教育的源头。它历经14次搬迁、12次易名，是当今全国唯一以矿业命名的特色鲜明的高水平大学。1988年，学校更名为中国矿业大学，由邓小平同志题写校名。学校通过长期发展和建设，形成了以工科为主、以矿业为特色，理、工、文、管等多学科协调发展的学科专业体系和多科性大学的基本格局，被誉为"矿业界的黄埔军校"。

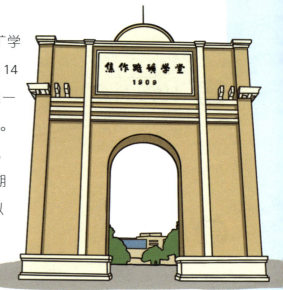

盘点矿大雕塑的秘密

矿大的校园里矗立着许多雕塑，任时间在其身上刻下痕迹，依然风雨无惧，徐徐展开历史的画卷，为我们讲述一方故事。一、文化石，如厚积石刻，层层叠叠，取"博观而约取，厚积而薄发"之意；华罗庚题写的"学而优则用，学而优则创"石刻；不显山石刻；镜湖石刻等。二、人物雕塑，如孔子雕像、雷锋雕像、"光明使者"雕塑、测绘工作者雕像等。三、特色雕像，如造石、碑林、励志园等。

校园风光

图书馆

中国矿业大学南湖校区图书馆于2008年建成，开启了中国矿业大学图书馆的数字新时代。经过一百多年的发展，图书馆已形成了以矿业为特色，以理工为重点，文、管、经、法协调发展的文献信息资源保障体系。

中国煤炭科技博物馆

中国煤炭科技博物馆于2009年开馆，是由教育部、应急管理部及中国煤炭工业协会共同支持，中国矿业大学承建的高校综合性博物馆。该馆目前有常设自然陈列馆、天工科技馆、煤炭企业馆、校史馆4个核心科普场馆。

体育馆

中国矿业大学综合体育场馆位于南湖校区，可以举办全国性室内体育运动项目（包括篮球、排球、羽毛球、拳击馆、乒乓球、摔跤馆、体操馆等）单项正式比赛，并且可以承办集会、文艺演出等活动。

华北电力大学

团结 勤奋 求实 创新

建校时间　1958 年

主 校 址　北京市昌平区北农路 2 号

学校类别　理工类大学

办学层次　"211 工程"大学、"双一流"建设高校、电力科学与工程优势学科
创新平台

知名校友	**舒印彪**　输变电工程与电力系统规划专家，中国工程院院士	
	沈国荣　电力系统自动化专家，中国工程院院士	
	刘吉臻　发电厂自动化技术专家，中国工程院院士	
	张庆君　航天器总体设计专家，国际欧亚科学院院士	
	任洪强　环境工程专家，中国工程院院士	

👍 优势学科

电气工程 A　动力工程与工程热物理 A⁻

特色学科

核工程与核技术　智能电网信息工程　工程管理　能源与动力工程　电气工程及其自动化等

🎥 历史沿革

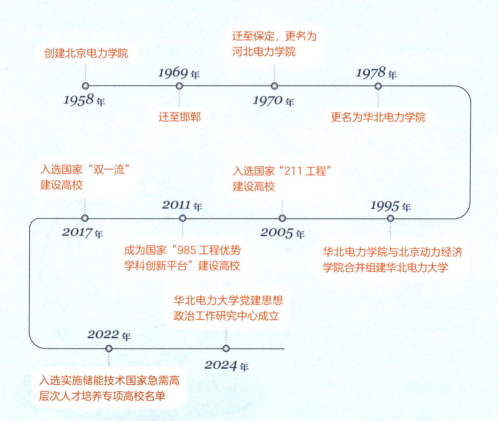

创建北京电力学院
1958 年

1969 年
迁至邯郸

迁至保定，更名为河北电力学院
1970 年

1978 年
更名为华北电力学院

入选国家"双一流"建设高校
2017 年

2011 年
成为国家"985 工程优势学科创新平台"建设高校

入选国家"211 工程"建设高校
2005 年
华北电力学院与北京动力经济学院合并组建华北电力大学

1995 年

华北电力大学党建思想政治工作研究中心成立
2022 年

2024 年

入选实施储能技术国家急需高层次人才培养专项高校名单

🔊 校园趣闻

跳伞塔

华北电力大学跳伞塔位于保定校区，兴建于 20 世纪 50 年代，该建筑采用钢筋混凝土结构，整体造型为圆柱形，总高 70 多米，塔上部设有 4 个悬臂跳台，是华北电力大学的标志性建筑。

电力系统中的黄埔军校

华北电力大学简称华电，是教育部直属、由国家电网有限公司等 12 家特大型电力集团和中国电力企业联合会组成的理事会和教育部共建的全国重点大学，中国电力高校联盟电力行业卓越工程师培养校企联盟发起单位，素有"电力系统黄埔军校"之称。

📦 校园风光

六十周年雕塑

华北电力大学建校六十周年雕塑整体共有内外、上下、虚实共 6 个圆形，线条流畅优美。雕塑外观像太阳，象征着能量之源；也象征着在 60 年办学历程中，广大师生因电汇聚、因电结缘、扭转上升、凝聚力量，创造了不平凡的岁月历程。

华北电力大学建校六十周年纪念
二零一八年十月二十八日

汽轮机转子

汽轮机转子由主轴、叶轮、叶片和联轴器等主要部件组成。工作时，转子高速旋转，起到转换能量和传递扭矩的作用。这台位于教二楼南侧的汽轮机转子服役 43 年，发电累计 94 亿度。

发电机转子

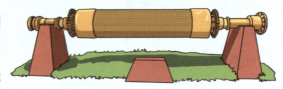

发电机转子由一根整体合金钢锻件加工而成，在转子本体上径向地开有许多纵向槽用于安装转子绕组，同时作为磁路。为北京国华电力有限责任公司捐赠。

图书馆

华北电力大学图书馆的前身是北京电力学院图书馆，1958 年建成。现有北京和保定两校区分馆，设置了多个专业文献服务区，包括科技、人文社科、文学艺术等类别的藏书阅览室，以及外文资料、国内报刊查阅专区，全面满足师生的学术研究需求。

河海大学

艰苦朴素，实事求是，严格要求，勇于探索

建校时间　1915 年

主 校 址　江苏省南京市鼓楼区西康路 1 号

学校类别　综合类大学

办学层次　"211 工程"大学、"双一流"建设高校、全球水循环与国家水安全优势学科创新平台

知名校友

严恺　水利和海岸工程专家，中国科学院和中国工程院两院院士

茆智　农田水利专家，中国工程院院士

沈珠江　岩土工程专家，中国科学院院士

陆佑楣　水利水电工程专家，中国工程院院士

吴中如　水工结构专家，中国工程院院士

👍 优势学科

水利工程 A⁺ 环境科学与工程 A 土木工程 A

特色学科

水文与水资源工程 环境工程 能源与动力工程 新能源科学与工程 农业水利工程等

🎥 历史沿革

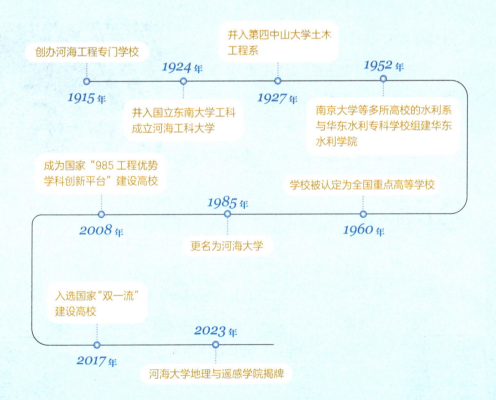

创办河海工程专门学校
1915 年

1924 年
并入国立东南大学工科成立河海工科大学

并入第四中山大学土木工程系
1927 年

1952 年
南京大学等多所高校的水利系与华东水利专科学校组建华东水利学院

学校被认定为全国重点高等学校
1960 年

成为国家"985 工程优势学科创新平台"建设高校
2008 年

1985 年
更名为河海大学

入选国家"双一流"建设高校
2017 年

2023 年
河海大学地理与遥感学院揭牌

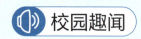

清凉山遇难同胞纪念碑

　　1985 年，"河海人"自主设计了日本南京大屠杀清凉山遇难同胞纪念碑。纪念碑 3 米多高，碑体为三面棱柱形，每面均呈"人"字形态，象征 30 万中华儿女顶天立地的民族气节；碑座部分由三层红色圆形台阶构成，代表着 30 万同胞的鲜血浸染山河；三足鼎正面镌刻着"居安思危"四个大字，背面刻着立碑的历史背景，采用中、日、英三种文字。2006 年 5 月 25 日被国务院确定为全国重点文物保护单位。每年 12 月 13 日，河海大学师生都会来这里进行祭扫活动，向死难者们致以最深的哀思和纪念。

旋转楼梯

　　旋转楼梯位于西康路校区图书馆内，曾是电影《致青春》的取景地。台阶旋转而上，仿若一条蜿蜒的长龙；阳光投射玻璃顶，形成道道斑驳的光影，极其幽静唯美，是非常独特的拍照地点。

校园风光

小浪底音乐台

　　小浪底音乐台位于江宁校区逸夫图书馆至叠翠山的中轴线上，2001 年建成，占地面积 8000 多平方米，是河海大学的标志性景观之一。

若水广场

　　若水广场坐落于常州校区东西轴线的核心位置，于 2003 年正式落成。"若水广场"四个大字由两院院士、教授、博士生导师、河海大学名誉校长严恺老先生亲笔题写。广场总占地 1 万余平方米，由升旗区、集体活动区、休闲区和山林区四个区域构成。

图书馆

　　河海大学图书馆由西康路校区图书馆、江宁校区图书馆、常州新校区图书馆及各院系资料室组成，以水利为特色，囊括理、工、文、管、经、法等多学科，形成了纸质资源与数字资源有机结合的综合文献保障体系和两地三校区、统一规划、协同服务的格局。

先贤颂

　　"华夏水利先贤颂"群雕为纪念建校 90 周年而修建。该景观以大禹、李冰父子、王景、郭守敬以及现代中国水利之父李仪祉等历代水利先驱的青铜塑像为主体，衬有镶嵌着石刻壁画和碑文的人造山体文化墙，整体设计艺术性地诠释了华夏水利先贤们开拓创新、敬业奉献的崇高精神品质。

北京邮电大学

厚德博学，敬业乐群

建校时间 1955 年

主 校 址 北京市海淀区西土城路 10 号

学校类别 理工类大学

办学层次 "211 工程"大学、"双一流"建设高校、社交网络分析与网络信息
传播优势学科创新平台

知名校友

钟义信 智能理论、智能技术专家，发展中国家工程科技院院士

张平 无线移动通信专家，中国工程院院士

吕廷杰 通信管理专家

费爱国 指挥信息系统和数据链专家，中国工程院院士

吴季 俄罗斯科学院外籍院士，中国科学院国家空间科学中心研究员

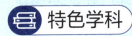 **优势学科**

信息与通信工程 A⁺　计算机科学与技术 A　电子科学与技术 A⁻　软件工程
A⁻　光学工程 A⁻

特色学科

电子商务　物联网工程　应用物理学等

历史沿革

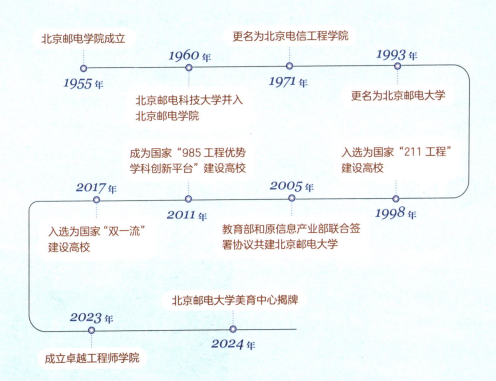

北京邮电学院成立

1955年

1960年

北京邮电科技大学并入
北京邮电学院

更名为北京电信工程学院

1971年

1993年

更名为北京邮电大学

成为国家"985工程优势
学科创新平台"建设高校

入选为国家"211工程"
建设高校

2017年

2011年

2005年

1998年

入选为国家"双一流"
建设高校

教育部和原信息产业部联合签
署协议共建北京邮电大学

北京邮电大学美育中心揭牌

2023年

2024年

成立卓越工程师学院

233

摩斯电码路

北京邮电大学西门至校训石之间有一条步行道，是以世界上第一条电报码摩斯码为蓝本，将校训以摩斯电码的形式铺设于路面，极具特色，所以被称为"摩斯电码路"。

"北邮一号"卫星入轨成功

北邮一号作为"天算星座"的首颗主星，以构建天算星座的空天计算在轨试验开放开源平台的核心节点为主要任务。2023 年 1 月 15 日 11 时 14 分，我国在太原卫星发射中心使用长征二号丁运载火箭，以"一箭十四星"发射模式，成功将包括"北邮一号"卫星在内的 14 颗卫星发射升空，并顺利进入预定轨道。

📦 校园风光

卓越柱

卓越柱建于北邮 50 周年校庆之际，由 5 根石柱构成，且每一根石柱上都雕刻着不同形态的校徽，5 根石柱由低到高排列，象征着北邮 50 年的发展历程，节节高升。卓越柱前有一组无线光波信号图案，充分体现了北邮的通信特色。

大龙邮票

　　大龙邮票是清朝时期发行的邮票，也是我国第一枚由国家正式发行的邮票。北京邮电大学将大龙邮票复刻于校园主广场路的大理石之上，是北京邮电大学一处独特的艺术景观。

《甲子钟》

　　《甲子钟》雕塑由六块基石相托构成，以发散的光线构型自下而上依次升起，坐落于沙河校区国脉西路与鸿雁路交会处。这座甲子钟不仅代表六十甲子的六段时光，记录了北京邮电大学六十年蓬勃发展的历程与成就，而且是北京邮电大学文化建设的重要组成部分。

图书馆

　　北京邮电大学图书馆馆藏资源丰富，由西土城校区图书馆和沙河校区图书馆组成，具有鲜明的邮电通信和电子学专业特色。其中，馆藏纸质图书 236 万册，馆藏电子图书（折合）397 万册。

中国传媒大学

立德、敬业、博学、竞先

建校时间 1954 年

主 校 址 北京市朝阳区定福庄东街 1 号

学校类别 语言类大学

办学层次 "211 工程"大学、"双一流"建设高校、数字媒体技术优势学科创新平台

知名校友

丁文华　广播电视技术专家，中国工程院院士

　　　　　　　　　　　　罗京　中央电视台主持人

　　　　　　韩晗　作家、学者

白岩松　中央电视台主持人

　　　　　　　　　　倪学礼　作家、编剧

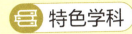 **优势学科**

戏剧与影视学 A⁺ 新闻传播学 A⁺ 艺术学理论 A⁻ 设计学 A⁻

特色学科

广告学 广播电视编导 播音与主持艺术 动画 文化产业管理等

历史沿革

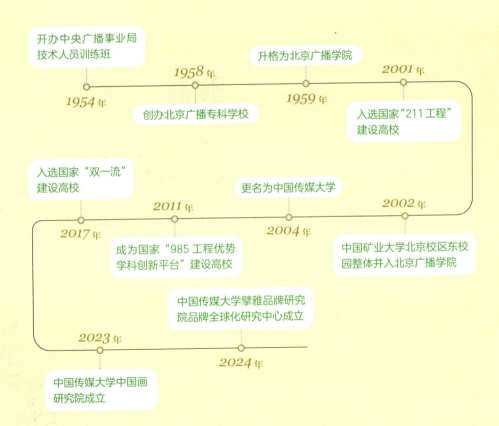

开办中央广播事业局
技术人员训练班

升格为北京广播学院

1958 年

2001 年

1954 年

创办北京广播专科学校

1959 年

入选国家"211 工程"
建设高校

入选国家"双一流"
建设高校

更名为中国传媒大学

2011 年

2002 年

2017 年

成为国家"985 工程优势
学科创新平台"建设高校

2004 年

中国矿业大学北京校区东校
园整体并入北京广播学院

中国传媒大学擘雅品牌研究
院品牌全球化研究中心成立

2023 年

2024 年

中国传媒大学中国画
研究院成立

📢 校园趣闻

中国传媒大学的独一无二

中国传媒大学被誉为"中国广播电视及传媒人才的摇篮""信息传播领域知名学府"。这里不仅有超高的知名度，还有很多独一无二的文化设施，如：位于图书馆大楼地下一层的传媒博物馆，馆藏 12000 余件，镇馆之宝是熊猫牌 1502 型收音机和"华夏第一屏"——第一台黑白电视机；由国家广告研究院、中国传媒大学等共同发起的中国广告博物馆，集藏、展、会、教四大功能于一身；国内首个以文化创意产业聚集孵化与整合为主题的示范基地；还有崔永元口述历史研究中心、何其芳藏书室、高清转播车等。

图书馆为什么叫"大阅城"？

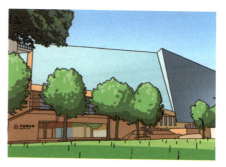

"大阅城"指的是建成于 2012 年的新图书馆，总面积达 43000 多平方米，由主楼和副楼组成，包含图书馆、传媒博物馆、档案（校史）馆，是中国传媒大学明星建筑之一。因其外观与购物中心"朝阳大悦城"相似，同学们都叫它"大阅城"。

📖 校园风光

《大拇指》雕塑

《大拇指》雕塑位于立德楼前，由校友捐赠，寓意为中国传媒大学人才济济，一代更比一代强的理念。

文化广场

中国传媒大学文化广场位于立德楼东南侧，主楼东配楼北侧；坐落于广场南侧的文化墙上，萃集校训、校歌、校徽诸元素。这是集文化活动、思想教育与休闲娱乐于一体的中国传媒大学文化新地标。

钢琴湖

钢琴湖因外观如一架钢琴而得名，位于图书馆南侧，湖畔伫立着一组访谈的雕塑群像。

孔子广场

孔子广场位于立德楼与主楼之间，因屹立于广场中的孔子像而得名，是学校一处标志性人文景观。其中，孔子像由香港孔教学院院长汤恩佳博士于 2015 年捐赠。

西安电子科技大学

厚德、求真、砺学、笃行

建校时间 1931 年

主 校 址 陕西省西安市雁塔区太白南路 2 号

学校类别 理工类大学

办学层次 "211 工程"大学、"双一流"建设高校、先进军事综合电子信息系统优势学科创新平台、先进雷达技术优势学科创新平台

知名校友

王越 通信与信息系统专家，中国科学院和中国工程院两院院士

郭桂蓉 通信与电子技术专家，中国工程院院士

包为民 制导与控制专家，中国科学院院士

杨孟飞 空间技术专家，中国科学院院士

杨宏 载人航天器系统工程管理专家，中国工程院院士

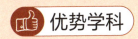 **优势学科**

电子科学与技术 A⁺ 信息与通信工程 A⁺ 计算机科学与技术 A 网络空间安全 A 机械工程 A⁻

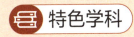 **特色学科**

软件工程 电子信息工程 机械设计制造及其自动化等

历史沿革

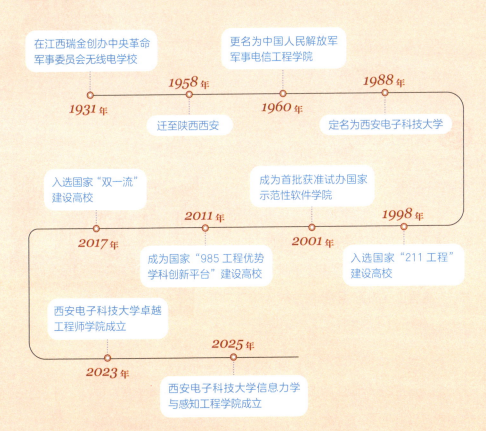

在江西瑞金创办中央革命军事委员会无线电学校

更名为中国人民解放军军事电信工程学院

1958 年

1988 年

1931 年

1960 年

迁至陕西西安

定名为西安电子科技大学

入选国家"双一流"建设高校

成为首批获准试办国家示范性软件学院

2011 年

1998 年

2017 年

2001 年

成为国家"985 工程优势学科创新平台"建设高校

入选国家"211 工程"建设高校

西安电子科技大学卓越工程师学院成立

2025 年

2023 年

西安电子科技大学信息力学与感知工程学院成立

🔊 校园趣闻

西安电子科技大学的第一个教具

　　1930 年 12 月，中央红军在第一次反"围剿"的龙岗战役中，缴获了半部电台（发报部分已损坏），以此为基础建立起中央红军最早的无线电侦察台，这也成为无线电训练班的第一个道具，更是学校教学史上的第一个教具。

"长征路上办学"群雕

　　"长征路上办学"群雕位于南校区信远楼南侧广场，共有 7 个人物，内容呈现分"爬雪山""过草地"两部分。这座群雕不仅记录了学校的光荣历史，而且再现了学校办学史上值得纪念的精彩瞬间。

📖 校园风光

石凳自习室

　　在北校区北门围墙下，本为师生提供休息的两排石凳，却成了学子埋头苦读的"书桌"，这一现象也成了"学在西电"扎实学风的最好体现，这里也就成了"石凳自习室"。

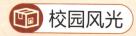

观光塔

　　观光塔位于礼仪广场南侧，南校区的中心。塔顶四面各有一个大钟表，科技感十足。站在塔顶，可以俯瞰整个南校区。观光塔是西安电子科技大学最为显眼的标志性建筑。

图书馆

西安电子科技大学图书馆由北校区的逸夫图书馆和南校区的图书馆组成，并形成了以信息和电子学科文献为主体，涵盖理、工、文、管、经等多学科文献的资源保障体系，是学校标志性建筑之一。

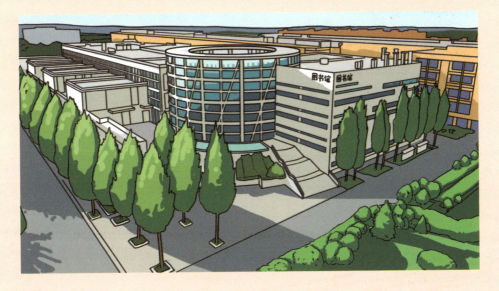

远望谷体育馆

远望谷体育馆位于南校区内，建成于 2017 年，由主馆和训练馆组成，为乙级综合性体育馆，满足体育教学、训练、比赛及大型集会等活动需求，也可承办地区性和全国单项比赛。

北京化工大学

宏德博学，化育天工

建校时间　1958 年

主 校 址　北京市朝阳区北三环东路 15 号

学校类别　理工类大学

办学层次　"211 工程"大学、"双一流"建设高校、绿色化工与材料优势学科创新平台

知名校友

杨万泰　高分子化学家，中国科学院院士

段雪　应用化学家，中国科学院院士

李玉良　无机化学家，中国科学院院士

高金吉　设备诊断工程专家，中国工程院院士

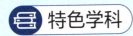 **优势学科**

生物工程 A⁺ 化学工程与技术 A 材料科学与工程 A⁻

特色学科

高分子材料与工程 过程装备与控制工程 自动化等

历史沿革

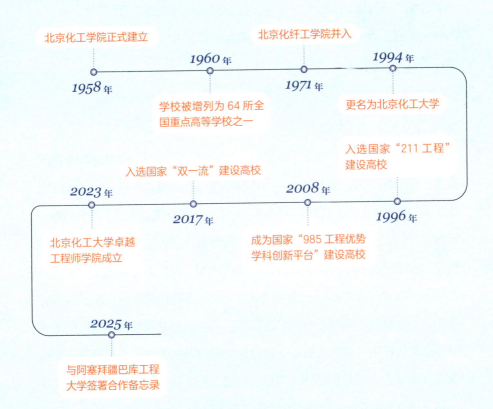

北京化工学院正式建立

1960 年

1958 年

学校被增列为 64 所全国重点高等学校之一

北京化纤工学院并入

1994 年

1971 年

更名为北京化工大学

入选国家"211 工程"建设高校

入选国家"双一流"建设高校

2023 年

2017 年

2008 年

1996 年

北京化工大学卓越工程师学院成立

成为国家"985 工程优势学科创新平台"建设高校

2025 年

与阿塞拜疆巴库工程大学签署合作备忘录

校训的出处

北京化工大学的校训是"宏德博学，化育天工"，寓意为志向宏大、道德高尚、学问广博、学力深厚，可探索自然之奥秘，变革自然之工巧，为人类服务。

宏，广博，出自陆机《吊魏武帝文》中"丕大德以宏覆，援日月而齐晖"一句。德，道德，出自《易·乾·文言》中"君子进德修业"一句。博学，学问广博，出自《论语·雍也》中"君子博学于文"一句。化育，自然生成和长育万物，出自《管子·心术》中"化育万物谓之德"一句。天工，自然天成的工巧，出自元赵孟頫《赠放烟火者》中"人间巧艺夺天工，炼药燃灯清昼同"一句。

《母校之光》雕塑

《母校之光》雕塑建于1998年，是为庆祝北京化工大学建校40周年修建。雕塑高7米，宽5米，为不锈钢材质。雕塑矗立在深红色的大理石基座上，由两只手向上托起3条环绕上升的生物链构成。两只手代表师恩，寓意为老师以孜孜不倦的追求和辛勤耕耘哺育学子；生物链代表学校的学科特色及求学于其中的学子，寓意为学校蓬勃发展、人才辈出，及成果累累和欣欣向荣的学术氛围；生物链缠绕上升的态势代表学子们不断探索和坚持进取的精神，凝聚在一起沿着曲折的科学创造之路前行；深红色的大理石基座代表人才成长的根基，寓意为学校是人生的基石，是获取知识的沃土；两只手中有彩色灯柱射向高空，和三条环绕上升的银色生物链映辉一起，代表母校之光，寓意为众盼母校再度辉煌。

🏫 校园风光

大学生活动中心

北京化工大学昌平校区大学生活动中心落成于 2021 年，总建筑面积 15000 平方米，集思想教育、文化活动、艺术教育、学生活动、创新创业等于一体，是多元融合的校园文化中心和校园景观新地标。

文理楼

文理楼位于图书馆东侧、博学大道中部，分为地上 4 层和地下 4 层，满足经济管理学院、数理学院、文法学院和马克思主义学院的教学，是昌平校区首栋教学科研楼。文理楼融汇了人文与理性之美，构筑出校园中的"红砖美术馆"。

图书馆

北京化工大学图书馆始建于 1958 年，目前拥有东校区逸夫图书馆和昌平校区图书馆两座馆舍，总面积达 6 万多平方米。截至目前，馆藏纸质图书达 181.6 万册，电子图书达 123 万册。

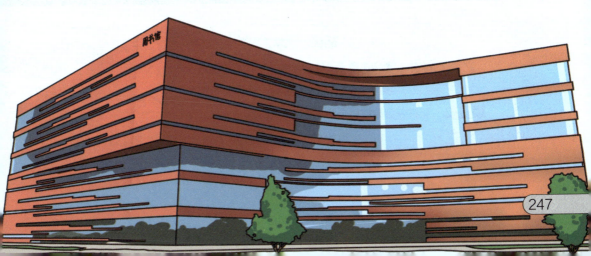

华东理工大学

勤奋求实，励志明德

建校时间　1952 年

主 校 址　上海市徐汇区梅陇路 130 号

学校类别　理工类大学

办学层次　"211 工程"大学、"双一流"建设高校、煤的清洁高效利用与石油化工关键技术优势学科创新平台

知名校友

胡英	化学工程学家、物理化学家，中国科学院院士
周俊	植物资源与植物化学家，中国科学院院士
李永舫	高分子化学家，中国科学院院士
顾真安	无机非金属材料专家，中国工程院院士
蒋士成	化纤工程设计与技术专家，中国工程院院士

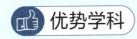 **优势学科**

化学工程与技术 A⁺ 生物工程 A⁺ 化学 A⁻ 控制科学与工程 A⁻

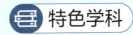 **特色学科**

高分子材料与工程 新能源材料与器件 环境工程 信息管理与信息系统等

历史沿革

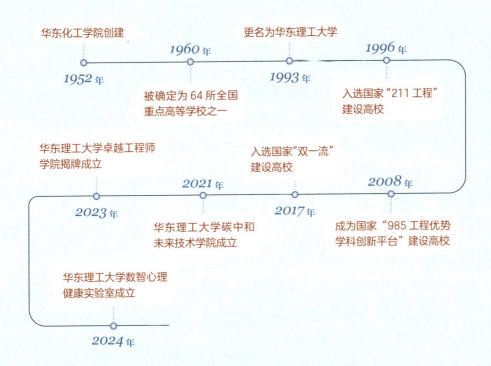

华东化工学院创建

更名为华东理工大学

1960 年

1996 年

1952 年

1993 年

被确定为 64 所全国
重点高等学校之一

入选国家"211 工程"
建设高校

华东理工大学卓越工程师
学院揭牌成立

入选国家"双一流"
建设高校

2021 年

2008 年

2023 年

2017 年

华东理工大学碳中和
未来技术学院成立

成为国家"985 工程优势
学科创新平台"建设高校

华东理工大学数智心理
健康实验室成立

2024 年

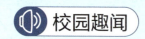 **校园趣闻**

包揽众多"中国第一"

华东理工大学在学科建设方面，具有实打实的专业实力，在化工领域创造了多个"中国第一"，如：1978年，成功研制我国第一台现代化生物反应器；1980年，抗生素制造专业调扩为全国第一批生化工程专业；1991年，筹建全国生物领域第一批应用基础研究的国家重点实验室；设置全国第一个生物化工博士学位授予点，俞俊棠先生成为全国第一个生物化工专业博士生导师，培养了全国第一个生物化工博士生；2002年成为第一批生物化工国家重点学科等。

"黄坡岭"精神纪念碑

"黄坡岭"精神纪念碑位于奉贤校区，上面刻着"发扬黄坡岭艰苦创业精神，努力建设高水平研究型大学"，正是华东理工大学西迁精神的缩影，更是所有华理人"实干奋斗，敢于担当"的历史印记。

 **校园风光**

通海湖

通海湖位于奉贤校区内，南临正大门，北接图文信息中心，是一个由人工挖掘而成的浅水湖。通海湖上赛龙舟已经成为华东理工大学师生踊跃参与的校园文化活动，也成为上海市独具特色的校园文化品牌。

C60 分子模型雕塑

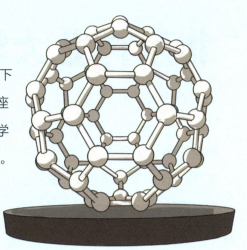

C60 分子模型雕塑位于奉贤校区内，下有黑色基座，上有白色主体形似足球，基座上面雕刻着诺贝尔奖得主、C60 发现者、学校荣誉教授罗伯特·柯尔对全体师生的祝愿。这一雕塑是科学、艺术与人文的完美融合，也是校区内一道亮丽的风景。

手性模型雕塑

手性模型雕塑是一件既具有科学内涵，又富有艺术价值的人文作品。整体造型别致，简约大气。雕塑的铭牌上刻着"化学是绚丽多彩的，也是令人兴奋的，更是有益人类的"，这正是诺贝尔化学奖得主野依良治给学校的致词。

攀登碑

攀登碑位于徐汇校区，由四根带弯的方柱组成，将化工设备中的塔、管道抽象地表现了出来，充分体现了学校以化工为特色的办学特点和悠久历史。四根方柱合在一起呈错位布列，且一柱高过一柱，寄寓一代代学子勇攀高峰、锐意进取的精神。

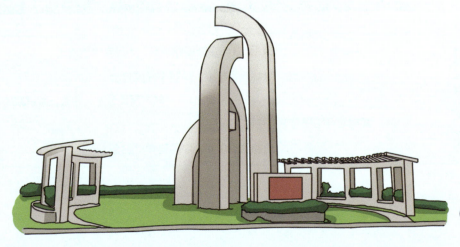

北京林业大学

知山知水，树木树人

建校时间 1952 年

主 校 址 北京市海淀区清华东路 35 号

学校类别 林业类大学

办学层次 "211 工程"大学、"双一流"建设高校、应对全球化的森林生态系统恢复重建与可持续经营优势学科创新平台

知名校友

徐冠华	资源遥感学家，中国科学院院士
尹伟伦	生物学、森林培育学家，中国工程院院士
朱之悌	林木育种专家，中国工程院院士
王涛	森林培育工程专家，中国工程院院士
张新时	植物生态学家，中国科学院院士

👍 优势学科

风景园林学 A⁺　林学 A⁺　林业工程 A

🔖 特色学科

农林经济管理　生物科学　林产化工　环境科学　野生动物与自然保护区管理等

🎬 历史沿革

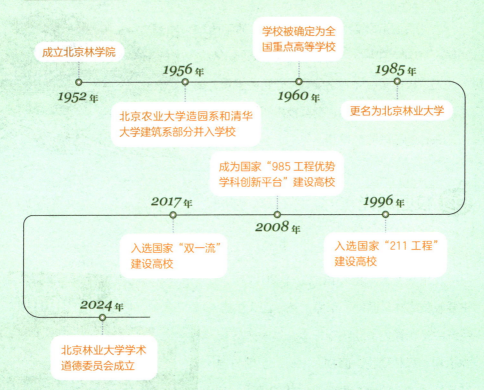

成立北京林学院

1952 年

1956 年

北京农业大学造园系和清华大学建筑系部分并入学校

学校被确定为全国重点高等学校

1960 年

1985 年

更名为北京林业大学

成为国家"985 工程优势学科创新平台"建设高校

2017 年

2008 年

1996 年

入选国家"双一流"建设高校

入选国家"211 工程"建设高校

2024 年

北京林业大学学术道德委员会成立

银杏大道的故事

　　银杏大道，即小南门北侧的百米林荫道，是北京林业大学独特的风景线。这些树最早种植于 1954 年。1969 年，北京林学院搬迁，银杏无人照料，直至学院再迁回北京时，大量银杏伤残甚至死亡。20 世纪 80 年代时，学校决定补植，成为如今银杏大道的雏形。林学院西门北侧的第二棵银杏，是由时任校长的沈国舫院士所种，后被人划伤，至今能见纵痕。

"林之心"

　　"林之心"景观项目主要包括林中博物馆、林中密语、林之心生物圈环、梅园、樱花步道、校史泉、光雨之泉等多处特色景观，是学校首个将现代科技、交互技术和绿色理念融为一体的智慧园林景观。

校园风光

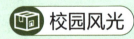

博物馆

　　北京林业大学博物馆成立于 2011 年，主要收集森林、湿地、草原、荒漠四大生态系统中珍稀濒危的动植物标本，是一座集森林植物、森林动物、菌物、木材、土壤与岩石等标本资源收藏与展示为一体的现代化自然博物馆。

学研中心

北京林业大学学研中心始建于 2010 年，是一座集教室、实验室、教学科研办公用房、大学科技园、地下停车场为一体的综合性现代化建筑。楼宇面积 9 万平方米，是学校建校以来单体建筑面积最大的建筑。

薄房子

薄房子位于二食堂与 4 号学生公寓之间，原型为一张白纸，通过对折、裁剪、折叠等形成纸墙与房间，其设计理念便是"轻薄"。

"树洞花园"

"树洞花园"位于 1 号学生公寓北侧，以"我们相对而望，任时光兀自生长"为设计主题，放置三个表达"相望"主题的景观装置——"树洞转亭"。这是学校师生休息和私语的空间，也是北京林业大学一处特色校园景观。

东北林业大学

学参天地，德合自然

建校时间 1952 年

主 校 址 黑龙江省哈尔滨市香坊区和兴路 26 号

学校类别 林业类大学

办学层次 "211 工程"大学、"双一流"建设高校、森林资源可持续经营与高校利用优势学科创新平台

知名校友

傅德志 中国科学院研究员，种子植物分类研究组首席研究员

马建章 野生动物学专家，中国工程院院士

李坚 木材科学专家，中国工程院院士

李俊生 中国环境科学研究院研究员

盛连喜 教授、博士生导师

👍 优势学科

林业工程 A⁺　林学 A⁻

特色学科

野生动物与自然保护区管理　木材科学与工程　农林经济管理　园林　生物技术等

🎥 历史沿革

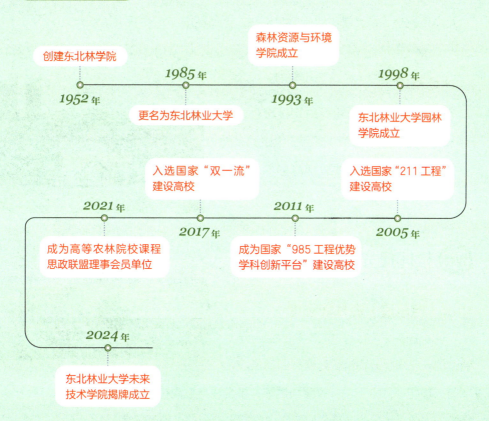

📢 校园趣闻

"自筹经费建设211"

　　1956年，东北林业大学被划归林业部，成为林业部直属院校。1996年，学校通过了"211工程"的预审，但还是遗憾落选，面临能否划归教育部的难题。在此形势下，以李坚校长为首的学校先辈，决定以自筹资金的方式让学校早日列入"211工程"。此后，他们按照"211工程"标准建设学校，后经过校领导积极争取，学校于2000年成功划归教育部。2005年，东北林业大学入选"211工程"；2017年，成为"双一流"重点建设高校。"自筹经费建设211"这一举措不仅彰显了东北林业大学师生拼搏进取、艰苦奋斗的品格，也激励着人们勇立潮头，不负韶华。

冰场草坪

　　冰场草坪位于知行桥和桃李桥的交叉口，夏天绿草如茵，冬天白雪皑皑，而红房子就如童话城堡一样静静地伫立在那里。

📦 校园风光

中国（哈尔滨）森林博物馆

　　这是由东北林业大学携手社会各界建设的一座森林博物馆，对森林的起源、演替、功能等各方面进行收藏与展陈，是全国林业高校中唯一被评为国家二级博物馆的单位，也是黑龙江省国家级博物馆中唯一的高校博物馆。

体育馆

东北林业大学体育馆位于学校西校区，紧邻游泳馆，二者是一座连体结构的现代化体育场馆综合体。体育馆由篮球比赛馆和几个附属馆组成，能够举办国家级篮球比赛和大型活动。

野生动物与自然保护地学院

野生动物与自然保护地学院，原名野生动物资源学院，是我国第一个培养野生动物高级管理与研究人才的教学科研基地。

知园

知园位于学校篮球场、田径场的后方，是东北林业大学的小植物园，是一处集学习、科普、交流、休闲为一体的校园绿地。

南京农业大学

诚朴勤仁

建校时间 1902 年

主 校 址 江苏省南京市玄武区卫岗 1 号

学校类别 农林类大学

办学层次 "211 工程"大学、"双一流"建设高校、高效农业与食物安全优势学科创新平台

知名校友

盖钧镒 作物遗传育种学家，中国工程院院士

万建民 水稻分子遗传与育种专家，中国工程院院士

李培武 农产品质量安全学家，中国工程院院士

金善宝 小麦育种家、农业教育家，中国科学院院士

庄巧生 小麦遗传育种学家，中国科学院院士

优势学科

农林经济管理 A⁺   作物学 A⁺   农业资源与环境 A⁺   植物保护 A⁺   园艺学 A⁺   公共管理 A   食品科学与工程 A

特色学科

农业科学   植物学与动物学   环境生态学   生物与生物化学等

历史沿革

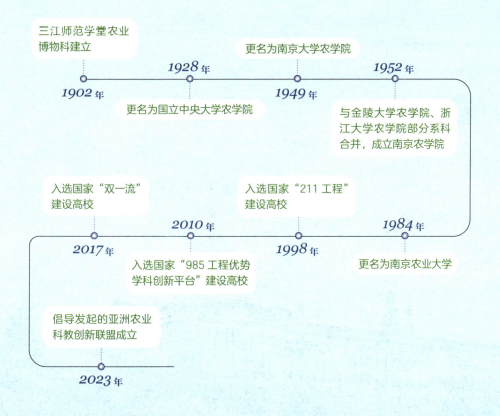

三江师范学堂农业博物科建立
1928 年
更名为南京大学农学院
1952 年
1902 年
更名为国立中央大学农学院
1949 年
与金陵大学农学院、浙江大学农学院部分系科合并，成立南京农学院

入选国家"双一流"建设高校
2010 年
入选国家"211 工程"建设高校
1984 年
2017 年
入选国家"985 工程优势学科创新平台"建设高校
1998 年
更名为南京农业大学

倡导发起的亚洲农业科教创新联盟成立
2023 年

校园趣闻

菊花"大观园"

南京农业大学菊花基地位于江宁湖熟，占地 120 多亩，保存了 5000 多份菊花资源、3000 多个品种，其中由学校自主培育的造型、颜色各异的菊花新品种 400 多种，是中国菊花种质资源保存中心，也是目前世界最大的菊花基因库。

中华农业文明博物馆

中华农业文明博物馆于 2004 年正式开馆，馆内收藏有 1000 余件历代的古农具和 3000 余册原版古农书，是中国高校第一个系统收藏、研究和展示中国农业历史与文化的专题博物馆。

校园风光

教学主楼

教学主楼由著名建筑杨廷宝设计，落成于 1954 年，是南京农业大学的符号和象征之一。

大鼎

大鼎位于卫岗校区中央路和金陵路的交界处，于九校同庆国立中央大学建校 100 周年时，由江苏省政府赠送。这座大鼎是学校百年历史的伟大见证，也是九所名校友谊长存的标志物。

桃李廊

桃李廊位于勤仁坡南侧，亭廊花架上攀缘着盛开的紫藤，幽静惬意，是学子们晨读背书的首选之地。"桃李廊"牌匾由金善宝教授百岁时所书。

报春亭

报春亭由农学系校友在学校 80 周年校庆时捐建，位于玉兰路与十九舍之间，顶部为六角攒尖顶，有"六合"之意，呈现出典型的江南建筑风格；亭名取自孟郊《游子吟》"谁言寸草心，报得三春晖"诗句。

华中农业大学

勤读力耕，立己达人

建校时间　1898 年

主 校 址　湖北省武汉市洪山区狮子山街 1 号

学校类别　农林类大学

办学层次　"211 工程"大学、"双一流"建设高校、农业生物遗传改良和生长发育调控优势学科创新平台

知名校友

　　　　邓子新　微生物学家，中国科学院院士

　　单杨　食品工程专家，中国工程院院士

陈华癸　微生物学家，中国科学院院士

　　　王雅鹏　教授、博士生导师

👍 优势学科

兽医学 A⁺　畜牧学 A⁺　园艺学 A⁺　生物学 A　作物学 A　水产 A　农林经济管理 A⁻

📇 特色学科

农学　动物科学　食品科学与工程　生物工程　水产养殖学等

🎥 历史沿革

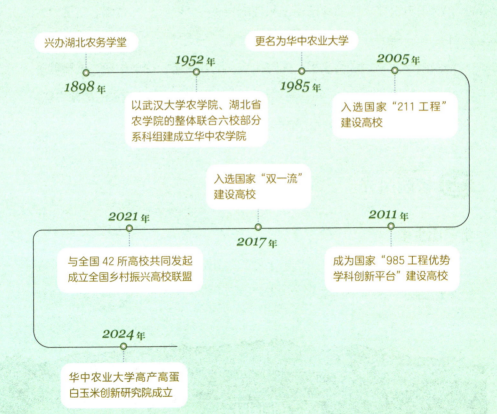

兴办湖北农务学堂
1952 年
更名为华中农业大学
2005 年

1898 年
以武汉大学农学院、湖北省农学院的整体联合六校部分系科组建成立华中农学院
1985 年
入选国家"211工程"建设高校

入选国家"双一流"建设高校

2021 年
2017 年
2011 年

与全国42所高校共同发起成立全国乡村振兴高校联盟
成为国家"985工程优势学科创新平台"建设高校

2024 年
华中农业大学高产高蛋白玉米创新研究院成立

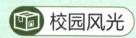

校园趣闻

环湖跑

华中农业大学要求本学期有体育课的同学参与环湖跑并刷卡，期限为一学期，地点为校园东北方向的南湖湖畔，设有两个刷卡点，两点之间的路程为半圈。每圈为1500米，每半圈跑步时间不得超过6分15秒，每学期期末统计学生跑步圈数，根据圈数换算成不同分数，再折合30%计入期末体育总评成绩。

"六个一"

华中农业大学拥有前沿的科技成果——"六个一"技术。所谓"六个一"，指"一枝花、一株稻、一头猪、一支苗、一棵树、一粒豆"，涉及杂交油菜、绿色水稻、优质种猪、动物疫苗、优质柑橘、试管种薯等研究领域。"六个一"其实是学校对近年来取得标志性成果的形象说法。这一技术的推广应用，为农民致富带来了巨大效益。

校园风光

狮子山主楼

狮子山因山形似一头俯卧的狮子得名。山体呈东西走向，大半个山体都被南湖拥抱。学校的主楼就位于狮子山上，山脚下是学校最大、最美的校园广场——狮子山广场。

二十四节气柱

二十四节气柱坐落于学府路人文社科楼南侧广场，由12根石柱呈圆形排列构成。其中每个石柱的正反两面分刻两个相邻的节气，体现二十四节气的自然生命现象。

涂鸦墙

涂鸦墙位于学府路和梧桐路，为了致敬百廿华农，献礼百廿校庆而作，寓意为"学富图强"，代表着对众学子的殷切期盼。

张之洞雕像

张之洞雕像位于景园楼旁，为纪念学校创始人张之洞而建。基座正面刻有张之洞简介，背面刻有张之洞上奏清政府要求设立湖北农务工艺学堂的奏折。

未来之窗

未来之窗寓意为望向未来的窗户，是亚洲最大跨式建筑——连接着图书馆和人文社科楼，象征着对知识的渴求与憧憬。

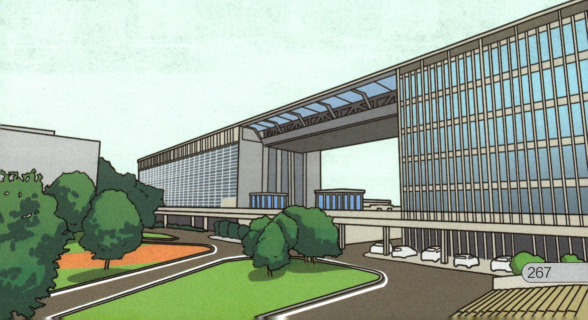

西南大学

含弘光大，继往开来

建校时间　1906 年

主 校 址　重庆市北碚区天生路 2 号

学校类别　综合类大学

办学层次　"211 工程"大学、"双一流"建设高校、现代农业科学优势学科创新平台

知名校友

袁隆平　农业科学家，中国工程院院士，被誉为"杂交水稻之父"

吴明珠　瓜类育种专家，中国工程院院士

向仲怀　蚕学遗传育种专家，中国工程院院士

孟安明　发育生物学家，中国科学院院士

赵进东　植物生理学及藻类学家，中国科学院院士

👍 优势学科

教育学 A　心理学 A　马克思主义理论 A⁻

特色学科

物理学　生物科学　农学　历史学　食品科学与工程　数学与应用数学　蚕学等

🎥 历史沿革

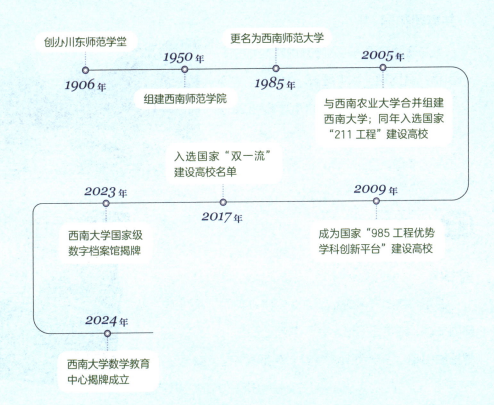

创办川东师范学堂
1906 年

1950 年
组建西南师范学院

更名为西南师范大学
1985 年

2005 年
与西南农业大学合并组建西南大学；同年入选国家"211 工程"建设高校

入选国家"双一流"建设高校名单
2017 年

2023 年
西南大学国家级数字档案馆揭牌

2009 年
成为国家"985 工程优势学科创新平台"建设高校

2024 年
西南大学数学教育中心揭牌成立

🔊 校园趣闻

盘点西南大学的雕像

　　西南大学的雕像是西大学子的学术模范、精神榜样，是学术精神的凝聚，是构成"含弘光大，继往开来"文化氛围的有利助推。最为出名的当属矗立于一号门中轴线上的毛主席塑像，由解放初期学校美术教师钱太奇等人精心制作。此外，其他还有文学院正门道路两侧的鲁迅雕像、吴宓雕像，位于新闻传媒学院的邹韬奋雕像、马歇尔·麦克卢汉雕像，光炯广场上的侯光炯雕像，东方红草坪上的陶行知和爱因斯坦头像雕塑，等等。

共青团花园

　　共青团花园采用对称几何式下沉设计，包括共青团湖、黑牛雕塑、大花坛、花架等景观，南北面分别为 33 教学楼和 38 教学楼，完美结合了使用与观赏功能，是学生平时休憩、学习、聚会的场所。

📦 校园风光

图书馆

　　西南大学图书馆成立于 2005 年，包括中心图书馆、弘文图书馆、崇实图书馆、荣昌校区图书馆，以及马克思主义理论图书馆、法学图书馆等多个专业图书馆。截至 2024 年 12 月 31 日，西南大学有纸质文献 487.12 万册，电子图书 430.19 万册、电子期刊 6.27 万余种、音视频 106.23 万小时、学位论文 1989 万篇。

文学院

　　雨僧楼，即西南大学文学院，被誉为西南大学的"精神堡垒"，是学校最古老的教学楼之一。一代国学大师吴宓曾在此执教多年，为了纪念他对文学院的贡献，故以其字号为此楼命名。

袁隆平雕像

　　袁隆平纪念雕像位于 32 教学楼前，手捧稻穗，眼神坚毅地望向远方。他积极投身科研事业的伟大精神，将激励着一代又一代学子勤勉奋斗，用知识和汗水，为社会、为人民奉献自己的力量。

行署楼

　　行署楼位于北碚校区，原为川东行署区办公楼，后划归西南师范学院使用，并保存至今，是重庆市文物保护单位，也是西南大学标志性建筑之一。

北京中医药大学

勤求博采，厚德济生

建校时间 1956 年

主 校 址 北京市朝阳区北三环东路 11 号

学校类别 医药类大学

办学层次 "211 工程"大学、"双一流"建设高校、中医药优势学科创新平台

知名校友

王永炎 中医内科学、神经内科学专家，中国工程院院士

姜良铎 教授、博士生导师

王绵之 中医学家、方剂学科的创始人、首届国医大师

颜正华 中医学家、中药学专家，首届国医大师

王玉川 中医学家，首届国医大师

👍 优势学科

中医学 A⁺　中西医结合 A⁺　中药学 A⁻

📚 特色学科

公共事业管理　针灸推拿学等

🎬 历史沿革

创办北京中医学院　　　　　　更名为北京中医药大学
　　　　　　　1960 年　　　　　　　　　　　　　1996 年
　1956 年　　　　　　　　　　　　1993 年

被中央确定为全国
重点高等学校

入选国家"211 工程"
建设高校

入选第三批国防教育
特色学校名单

成为国家"985 工程优势学
科创新平台"建设高校

　　　　　　2017 年　　　　　　　　　　　　2000 年
　2020 年　　　　　　　　　2011 年

入选国家"双一流"
建设高校

与北京针灸骨伤学院合并,
组建新的北京中医药大学

北京中医药大学中医
老年大学揭牌成立

　2024 年

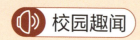

中医药博物馆

北京中医药大学中医药博物馆于1990年建成，分"中药部"和"医史部"两部分，位于逸夫科学馆内，是一座收藏丰富、内容系统的专业性博物馆。

"中药部"收藏2800多种中药标本，分为《中药综合展厅》和《药用动物展览橱窗》两部分展陈。"医史部"收藏1000余件历代医药文物，200余种善本医籍，有《中国医学史展厅》。

 校园风光

岐黄殿

岐黄殿位于良乡校区，建筑巧取古风，采用了现代钢木桁架结构的建筑形式，以建筑载道——天圆地方，无为妙有，怀古思新为设计理念，是校园内最值得"打卡"的建筑之一。

《五老上书》

　　《五老上书》雕像位于中医学院教学楼前，为纪念秦伯未、于道济、陈慎吾、任应秋和李重人五位北宋中医大学的老先生。五人于1962年上书《对修订中医学院教学计划的几点意见》，对中医药教育有着深远的影响。

《神农尝百草》

　　《神农尝百草》塑像位于良乡校区中药学院楼前，其创作灵感来源于古老的传说"神农尝百草，一日七十毒"。

百草园

　　百草园是依傍壶天湖而建的药园，园内种植各类药材，比如薄荷、厚朴、鸡冠花等。这些药材伴随着学子们入校、学习、生活、毕业，而发芽、生长、开花、结果。

中国药科大学

精业济群

建校时间 1936 年

主 校 址 江苏省南京市鼓楼区童家巷 24 号

学校类别 医药类大学

办学层次 "211 工程"大学、"双一流"建设高校、新药发现理论与技术优势学科创新平台

知名校友

叶桔泉 中医中药学家，中国科学院院士

徐国钧 生药学家、药学教育家，中国科学院院士

彭司勋 药物化学专家、药学教育家，中国工程院院士

袁承业 有机化学家，中国科学院院士

胡之璧 中药生物工程专家，中国工程院院士

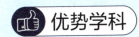 **优势学科**

药学 A⁺　中药学 A⁻

特色学科

药物制剂　药物化学　生物制药等

历史沿革

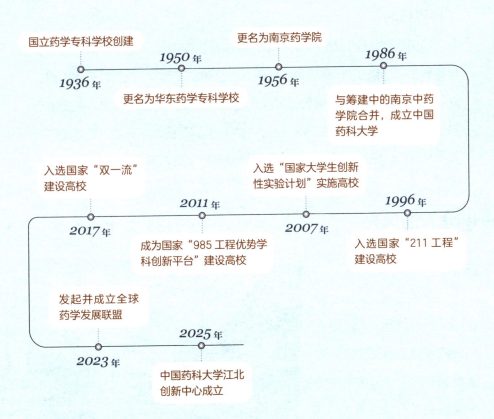

国立药学专科学校创建

1936 年

1950 年

更名为华东药学专科学校

更名为南京药学院

1956 年

1986 年

与筹建中的南京中药学院合并,成立中国药科大学

入选国家"双一流"建设高校

2017 年

2011 年

成为国家"985 工程优势学科创新平台"建设高校

入选"国家大学生创新性实验计划"实施高校

2007 年

1996 年

入选国家"211 工程"建设高校

发起并成立全球药学发展联盟

2023 年

2025 年

中国药科大学江北创新中心成立

🔊 校园趣闻

药用植物园

中国药科大学药用植物园位于江宁校区，始建于 1958 年。园内山丘起伏，荷艳蒲香，种植各类药用植物，如金银花、柴胡、石斛、射干、玄参等 1200 余种。其中，还有植物界的大熊猫——珙桐。活标本区按植物的生态要求和植物分类系统种植，现已发展成药用植物种质资源保存中心和教学、科研、实习基地之一。

"药界黄埔"

中国药科大学始建于 1936 年，其前身为中国最早独立设置的国立药学专科学校，走出了中医药界一代宗师叶桔泉、东方中华草药之王徐国钧、人工合成牛胰岛素项目成员钮经义、药物化学家彭司勋等院士，为国家培养了 10 万余名高素质药学专门人才和大批医药产业领军人物，如圣和药业董事长王勇、恒瑞医药董事长孙飘扬等，堪称"药界黄埔"。

📦 校园风光

连中三元

"连中三元"景观位于正门后侧喷泉处，采用外方内圆的设计，层层交叠，与远处镌刻的"精业济群"四个字遥相呼应，寓意为"连中三元"。

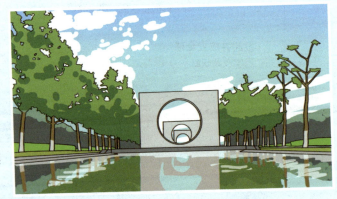

镜湖

镜湖水域宽广，四周环绕着众多重要建筑，如西侧的千人大礼堂和行政楼、西北侧的经管文楼和实验楼，是中国药科大学识楼辨路的重要标志。

图书馆

中国药科大学图书馆由玄武门校区图书馆和江宁校区图书馆组成，藏书丰富且专业特色明显，体系完整。馆藏图书 451 余万册，其中印刷型文献 100 余万册，可利用电子资源近 350 万册。

药学博物馆

药学博物馆始建于 1936 年，前身为中药标本馆，于 2009 年迁至江宁校区内，于 2014 年注册并定名为"江苏药学博物馆"，是国内医药院校中藏量最为丰富和系统的药学专题博物馆，也是全国高校博物馆学会单位。

哈尔滨工程大学

大工至善，大学至真

建校时间　1953 年

主 校 址　黑龙江省哈尔滨市南岗区南通大街 145 号

学校类别　理工类大学

办学层次　"211 工程"大学、"双一流"建设高校、现代舰船与深海工程优势
学科创新平台

知名校友

徐玉如	智能水下机器人专家，中国工程院院士	
王景全	渡河（海）工程专家，中国工程院院士	
马远良	水声工程与信息处理技术专家，中国工程院院士	
宋文骢	飞机总体设计专家，中国工程院院士	
周兴铭	计算机专家，中国科学院院士	

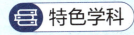 **优势学科**

船舶与海洋工程 A⁺   控制科学与工程 A   核科学与技术 A⁻

特色学科

轮机工程   自动化   核工程与核科技等

历史沿革

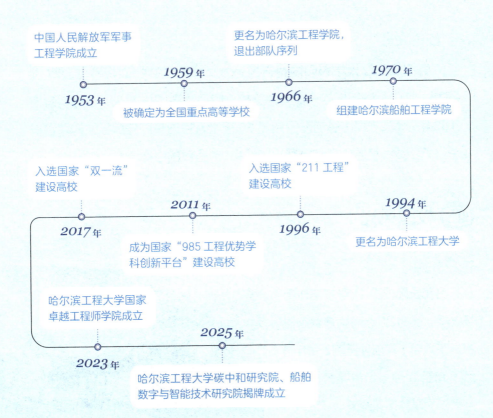

中国人民解放军军事
工程学院成立

1959 年

1953 年

被确定为全国重点高等学校

更名为哈尔滨工程学院，
退出部队序列

1970 年

1966 年

组建哈尔滨船舶工程学院

入选国家"双一流"
建设高校

2011 年

2017 年

成为国家"985工程优势学
科创新平台"建设高校

入选国家"211工程"
建设高校

1994 年

1996 年

更名为哈尔滨工程大学

哈尔滨工程大学国家
卓越工程师学院成立

2025 年

2023 年

哈尔滨工程大学碳中和研究院、船舶
数字与智能技术研究院揭牌成立

11 号楼

哈尔滨工程大学 11 号楼建筑风格独特，整体呈独特的"日"字形结构。地上 6 层用来教学和办公；传说地下也有 6 层，但目前只有两层对外开放，其中地下二层有一个测试子弹速度的靶场。它是哈尔滨工程大学的精神象征，也是学校的标志性建筑之一。

"校树之最"

哈尔滨工程大学校园内有古树名木 77 棵，包含 50 棵榆树、27 棵杏树。其中，最年长的一棵树为家榆，胸径达到 122 厘米，估算树龄为 182 年；有 27 棵山杏的胸径超过 30 厘米，被园林局挂牌标注为"古树名木"。另外，校园内还有最红火的红枫、最坚毅的白桦、最古老的云杉等。

📦 校园风光

杏花长廊

杏花长廊位于 11 号楼与体育场之间，长约 80 米，大多数杏树都是于六七十年前种植的，每年 4 月下旬至 5 月上旬杏花开放，可与武汉大学的樱花媲美。

科技园

　　哈尔滨工程大学国家大学科技园位于哈尔滨市三区交界处，始建于 2001 年。作为国家级大学科技园，哈尔滨工程大学以市场为导向，重点发展高新技术研发、高新技术企业孵化，以及创新人才吸纳与培育。

无人驾驶送餐车"卤蛋"

　　无人驾驶送餐车"卤蛋"是东北高校引进的首辆无人驾驶的送餐车。它搭载多种传感器，拥有强大的智能驾驶计算平台，可自主感知、规划路线，自主定位导航和避障。在行驶过程中，它还能在 5 秒内通知 100 个客户在合适的时间点取餐。

图书馆

　　哈尔滨工程大学图书馆位于校园东部，截至 2024 年底，馆藏图书总量 769.99 万册，其中印刷型图书 284.54 万册。整个建筑以中间方形部分为主体，既秉承了"哈军工"时期的校园建筑风格，又融入了具有现代感的建筑元素。

南京航空航天大学

智周万物，道济天下

建校时间	1952 年
主 校 址	江苏省南京市秦淮区御道街 29 号
学校类别	理工类大学
办学层次	"211 工程"大学、"双一流"建设高校、航空飞行器设计制造与飞行安全优势学科创新平台

知名校友

	赵淳生	机械工程专家，中国科学院院士
甘晓华		航空发动机专家，中国工程院院士
	石屏	飞机设计专家，中国工程院院士
冯培德		飞行器导航控制专家，中国工程院院士
	顾冠群	计算机网络专家，中国工程院院士

👍 优势学科

力学 A　管理科学与工程 A　机械工程 A　航空宇航科学与技术 A⁻　控制科学与工程 A⁻　信息与通信工程 A⁻　软件工程 A⁻

🖨 特色学科

飞行器设计与工程　飞行器动力工程　交通运输等

🎥 历史沿革

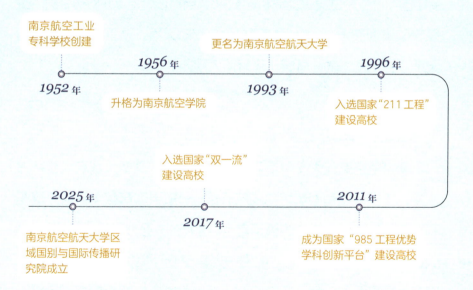

南京航空工业专科学校创建

1952 年

1956 年
升格为南京航空学院

更名为南京航空航天大学

1993 年

1996 年
入选国家"211 工程"建设高校

入选国家"双一流"建设高校

2025 年
南京航空航天大学区域国别与国际传播研究院成立

2017 年

2011 年
成为国家"985 工程优势学科创新平台"建设高校

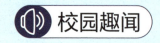

校园趣闻

"飞行器大观园"

御风园位于将军路校区内，东接机场高速，西临砚湖，园中驻有由空军、航空工业、中国航天、民航等方面提供的，如

新中国自行生产的第一型飞机初教-5、自行设计制造的歼8和歼-8II 歼击机、长征四号运载火箭等 19 台航空航天器，展示了我国航空航天事业的发展成就，可谓"飞行器大观园"。

航天馆的"镇馆之宝"

南京航空航天大学为适应航天人才培养的需要，提高实践育人水平，建设了具有南航特色的航天馆——航天教育教学基地。这座科技殿堂拥有不容错过的镇馆之宝，如天巡一号微小卫星的初样星、天问一号应急信标装置、"锦囊一号"空间环境智能管理单元、北斗三号导航卫星模型、宇航空间机构实验室、空间光电探测与感知实验室等，带领我们体验航天科技的力量，无声地诉说着航天人背后的故事。

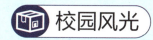

校园风光

图书馆

南京航空航天大学图书馆始建于1952年，现有明故宫校区、将军路校区和天目湖校区三处馆舍，初步形成以航空、航天、民航为特色，多学科相结合的文献信息资源保障体系。

"长征五号运载火箭"模型

"长征五号运载火箭"模型，由中国运载火箭技术研究院于南京航空航天大学60周年校庆之际捐赠。该模型按照1:5比例制作，伫立在砚湖西南角的草坪上。

飞机角

飞机角位于天目湖校区，现停有两架民用航空退役飞机——BAe146-300和B737-500，作为民航专业实验教学所用。

牧星楼

牧星楼位于天目湖校区，其名取自"效法羲和驭天马，志在长空牧群星"，搭建有全国一流的智慧教学网络，如智能录播系统、智能中控系统、多媒体教学环境管理系统等。

南京理工大学

进德修业，志道鼎新

建校时间 1953 年

主 校 址 江苏省南京市孝陵卫街 200 号

学校类别 理工类大学

办学层次 "211 工程"大学、"双一流"建设高校、现代攻防与先进装备技术

优势学科创新平台

知名校友

李鸿志 弹道学家，中国工程院院士

王泽山 火炸药专家、含能材料专家，中国工程院院士

潘德炉 海洋遥感专家，中国工程院院士

刘怡昕 武器系统与运用工程专家，中国工程院院士

崔向群 天文学家，中国科学院院士

👍 优势学科

兵器科学与技术 A⁺ 化学工程与技术 A⁺ 光学工程 A⁻ 机械工程 A⁻ 控制科学与工程 A⁻

特色学科

安全工程 材料科学与工程 电子科学与技术 光电信息科学与工程 武器发射工程等

🎥 历史沿革

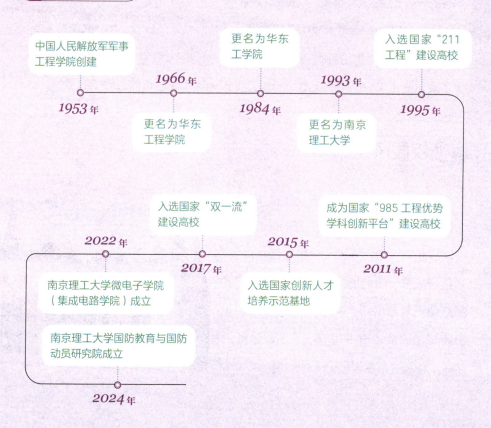

中国人民解放军军事工程学院创建

1953 年

更名为华东工学院

1966 年

更名为华东工学院

1984 年

更名为南京理工大学

1993 年

入选国家"211工程"建设高校

1995 年

入选国家"双一流"建设高校

2022 年

2017 年

南京理工大学微电子学院（集成电路学院）成立

南京理工大学国防教育与国防动员研究院成立

2024 年

入选国家创新人才培养示范基地

2015 年

成为国家"985 工程优势学科创新平台"建设高校

2011 年

🔊 校园趣闻

"第一杰出校友"

南京理工大学"第一杰出校友"指的是任新民。从新中国第一枚导弹研制成功，到第一颗地球卫星"东方红一号"被送入太空，从83岁高龄依然担任"风云一号"卫星D星的工程总设计师，到神舟飞船升空——在中国航天每一个里程碑和功勋簿上都能找到任新民的名字，他也因此被誉为中国航天"总总师"。他还与黄纬禄、屠守锷、梁守槃一起被称为"中国航天四老"。

盘点南京理工大学的"宝藏教室"

在校园中，除了上课的普通教室，还有很多特色教室，如"四工"（第四教学楼）每层楼的制图教室、四教的机辅口译实验室、四工B座的模拟法庭、三工学日语的和风教室，以及工程训练中心、兵器博物馆教室等。

📦 校园风光

二道门

二道门位于校园中轴线上，与中山陵中轴线正对，原为中国人民解放军总高级步兵学校临宁杭公路修建的学校大门，形制略似巴黎凯旋门，寓意为抗战胜利。门上有书法家武中奇书写的"团结、献身、求是、创新"八字校风。

校风碑

校风碑位于喷泉广场，上面也刻着学校的八字校风，是从毛泽东同志为哈军工颁发的训词中提炼出来的，是每一位师生都不会忘记的教诲。

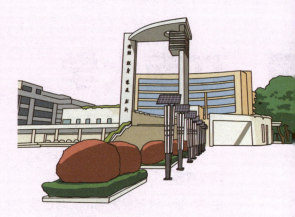

兵器博物馆

南京理工大学兵器博物馆珍藏着自第一次世界大战以来全国各地、不同时期的武器装备，涵盖了火炮类、轻武器类、引信类、军事通信和光学器材类等诸多门类的珍贵藏品，其中不少武器装备由我国自行研制。

时间广场

时间广场位于二道门北侧，是南京理工大学的经典建筑之一。巨大的日晷矗立于校园中心，见证着时光中一代代学子的青春足迹，无声地诉说着校园里那些永不褪色的记忆。

江南大学

笃学尚行，止于至善

建校时间 1902 年

主 校 址 江苏省无锡市滨湖区蠡湖大道 1800 号

学校类别 综合楼大学

办学层次 "211 工程"大学、"双一流"建设高校、食品精深加工与安全控制优势学科创新平台

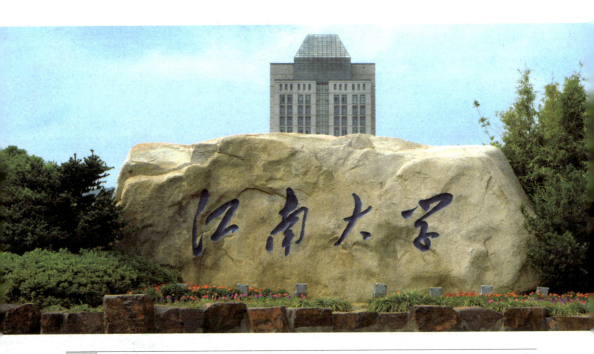

知名校友

季克良　高级工程师，工程技术应用研究员

陈坚　发酵与轻工生物技术专家，中国工程院院士

陈卫　食品微生物科学与工程专家，中国工程院院士

王沂蓬　2008 年北京奥运会奖牌设计者

曹雪　2022 年北京冬奥运吉祥物设计团队成员

👍 优势学科

设计学 A⁺　食品科学与工程 A⁺　轻工技术与工程 A⁺

📚 特色学科

生物工程　物联网工程　高分子材料与工程　化学工程与工艺　纺织工程等

🎥 历史沿革

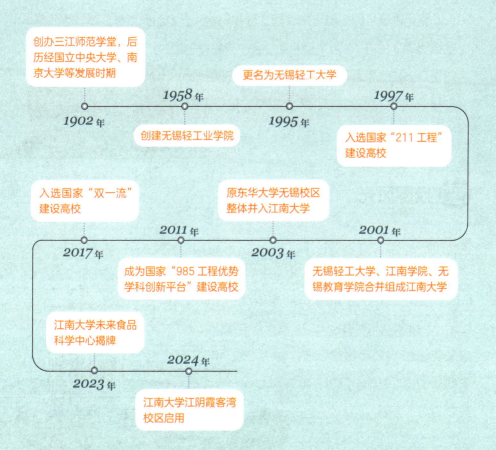

创办三江师范学堂，后历经国立中央大学、南京大学等发展时期
1902 年

1958 年
创建无锡轻工业学院

更名为无锡轻工大学
1995 年

1997 年
入选国家"211 工程"建设高校

入选国家"双一流"建设高校
2017 年

2011 年
成为国家"985 工程优势学科创新平台"建设高校

原东华大学无锡校区整体并入江南大学
2003 年

2001 年
无锡轻工大学、江南学院、无锡教育学院合并组成江南大学

江南大学未来食品科学中心揭牌
2023 年

2024 年
江南大学江阴霞客湾校区启用

🔊 校园趣闻

"一带一路"上的江南大学

　　自2013年起，江南大学与22个"一带一路"沿线国家高校签订55个各类合作协议和谅解备忘录；与27个国家49所大学成立"一带一路"高校食品教育科技联盟；与江苏省、韩国内的38所高校成立江苏—韩国高校合作联盟。

赤马咀遗址

　　赤马咀遗址原名歇马墩，因地形似马状，头向西伸入长广溪，因此得名歇马墩；后在此处挖出红色土层，故名赤马咀。这里曾出土大量新石器时代的器物，考证后确认为马家浜文化遗址，被列入无锡市文化局保护遗址。

📦 校园风光

图书馆

　　江南大学图书馆，由原无锡轻工大学图书馆、江南学院图书馆、无锡教育学院图书馆、东华大学无锡校区图书馆组成。馆藏文献丰富，尤以食品科学与工程、轻工技术与工程等学科的文献最为完整。截至2023年12月，馆藏纸质图书306.24万册，电子图书746.5万册。

小蠡湖

小蠡湖，一湖两岛，湖水清澈，岸柳摇曳，湖中有黑天鹅，湖畔有太湖神鼋，素有"江南开学府，万顷湖波扬"之说，是学子赏景、读书、休闲的好去处。

文浩科学馆

文浩科学馆由旅台实业家程志新先生捐建，以其父程文浩先生的名字命名，集科技、文化交流和娱乐等功能为一体，不仅是学校各类科技学术文化交流的重要舞台和教学基地，更是环境育人、校园文化的重要组成部分。

听雨轩

听雨轩位于北生活区街道，与清名桥相伴。轩内有一石碑，正面刻有白居易的词《江南好》，背面刻有画作《蠡湖清秋图》。亭名由书法家、篆刻家陈大中先生题写。

合肥工业大学

厚德、笃学、崇实、尚新

建校时间 1945 年

主 校 址 安徽省合肥市包河区屯溪路 193 号

学校类别 理工类大学

办学层次 "211 工程"大学、"双一流"建设高校、节能环保汽车及其制造装备技术优势学科创新平台

知名校友

陈鲸 通信与信息系统专家，中国工程院院士

卢秉恒 机械工程学家，中国工程院院士

徐南平 化学工程专家，中国工程院院士

杨善林 管理科学与信息系统工程专家，中国科学院院士

刘明 微电子科技专家，中国科学院院士

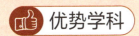 **优势学科**

管理科学与工程 A

特色学科

车辆工程　电气工程及其自动化　材料成型及控制工程　制药工程　测控技术与仪器等

历史沿革

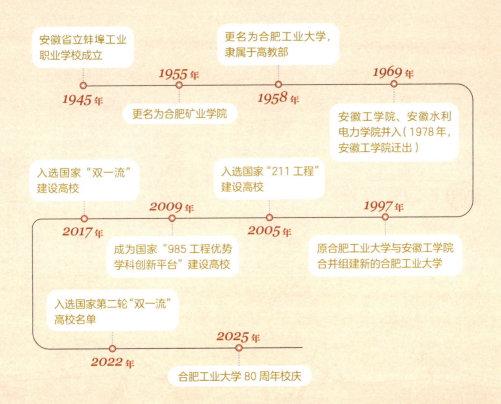

安徽省立蚌埠工业职业学校成立

1945 年

1955 年
更名为合肥矿业学院

更名为合肥工业大学，隶属于高教部

1958 年

1969 年
安徽工学院、安徽水利电力学院并入（1978 年，安徽工学院迁出）

入选国家"双一流"建设高校

2017 年

2009 年
成为国家"985 工程优势学科创新平台"建设高校

入选国家"211 工程"建设高校

2005 年

1997 年
原合肥工业大学与安徽工学院合并组建新的合肥工业大学

入选国家第二轮"双一流"高校名单

2022 年

2025 年
合肥工业大学 80 周年校庆

🔊 校园趣闻

斛兵塘的传说

斛兵塘，俗称量兵塘，又名站塘，位于屯溪路校区东南角。相传，三国时期曹操率领大军进攻东吴，并于合肥屯兵，后为清点人马而挖了一口旱塘，作为计量将士的场所，后来积水成塘，因此得名"斛兵塘"。

"汽车领域黄埔军校"

合肥工业大学是最早设置汽车专业的大学之一，具有悠久的办学历史和强劲的学科实力。其车辆工程学科是学校传统优势学科、"211 工程"重点建设学科；机械设计制造及自动化专业是学校创办最早、规模最大的专业。合肥工业大学是培养智能制造领域人才的基地，因而有"汽车领域黄埔军校"之称。

📦 校园风光

东风广场

东风广场，即翡翠湖校区生态谷露天音乐广场。学校 60 周年校庆之际，东风汽车公司捐资帮助 100 名在读贫困学子。为了纪念这次合作，学校特意将翡翠湖校区生态谷露天音乐广场改名为"东风广场"。

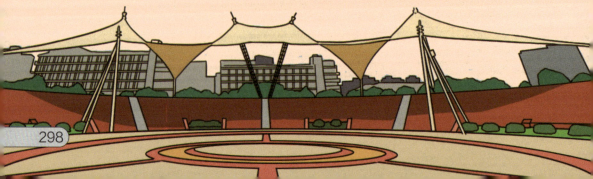

校史馆

　　校史馆位于屯溪路校区老印刷厂，于校庆 75 周年之际正式开馆。校史馆以学校发展为线，划分为事业初创、跃升重点、改革前行、创新发展等部分，综合运用文字图片、实物史料、多媒体影像等，全方位展现了学校悠久的办学历史和厚重的文化内涵。

图书馆

　　合肥工业大学图书馆原为安徽省立工业专科学校图书组，现由屯溪路校区、翡翠湖校区和宣城校区的图书馆组成。现馆藏图书 377.79 万册，电子图书 599.65 万册。

逸夫建筑艺术馆

　　逸夫建筑艺术馆位于翡翠湖校区图书馆北侧、景观湖西侧，借鉴了徽派传统建筑风格，以灰色调为主色，呈现稳重、大气、素雅的特点。馆内分布着专业教室、展厅、画廊等，是合肥工业大学最具人文艺术气息的地方。

暨南大学

忠信笃敬

建校时间　1906 年

主 校 址　广东省广州市天河区黄埔大道西 601 号

学校类别　综合类大学

办学层次　"211 工程"大学、"双一流"建设高校、华侨华人研究优势学科创

新平台

👍 优势学科

新闻传播学 A　工商管理 A　中国语言文学 A⁻　应用经济学 A⁻　生物学 A⁻
药学 A⁻

🎛 特色学科

国际经济与贸易　金融学　工程力学　生物技术　临床医学　电子信息工
程等

🎥 历史沿革

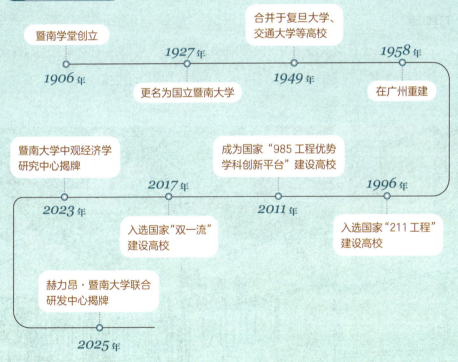

暨南学堂创立

1906 年

1927 年

更名为国立暨南大学

合并于复旦大学、
交通大学等高校

1949 年

1958 年

在广州重建

暨南大学中观经济学
研究中心揭牌

2023 年

2017 年

入选国家"双一流"
建设高校

成为国家"985 工程优势
学科创新平台"建设高校

2011 年

1996 年

入选国家"211 工程"
建设高校

赫力昂·暨南大学联合
研发中心揭牌

2025 年

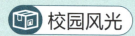 校园趣闻

"暨南"的出处

暨南大学是中国第一所由政府创办的华侨学府。"暨南"二字典出《尚书·禹贡》"东渐于海，西被于流沙，朔南暨，声教讫于四海"，意思是把"声威教化传播到东、南、西、北四方"。学校以吸收南洋华侨子弟就读为主，故取名"暨南"，意指把教化传到南洋，并希望能进而"声教讫于四海"。

校园风光

万国墙

万国墙位于石牌校区，由校董颜同珍捐资兴建，金黄色的墙体上镌刻着自1978年以来学生来源的所有国家名称，是暨南大学的标志性建筑之一。

《五洲英才》

　　《五洲英才》雕塑位于番禺校区，色彩热烈，外形动感，寓意为暨南大学的学子们来自世界各地。

蔡冠深博物馆

　　蔡冠深博物馆建成于2006年，以捐建者蔡冠深博士的名字命名。馆内除了收藏及展出华侨及大学的历史文物，也为不同的展览提供场地。

珠海校区

　　暨南大学珠海校区成立于1998年，设有人文学院、翻译学院、国际商学院、包装工程学院等6个专业学院，有18个本科专业，3个国家级一流本科专业建设点、5个省级一流本科专业建设点。

北京外国语大学

兼容并蓄，博学笃行

建校时间 1941 年

主 校 址 北京市海淀区西三环北路 2 号

学校类别 语言类大学

办学层次 "211 工程"大学、"双一流"建设高校、非通用语本科教材建设
工程

知名校友

傅莹 外交部原副部长，中国社科院全球战略智库首席专家

杨文昌 外交部原副部长，中国人民外交学会原会长

章含之 外交家

季承 中国科学院高能物理所高级工程师，国学大师季羡林之子

 **优势学科**

外国语言文学 A+

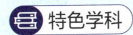 **特色学科**

西班牙语　阿拉伯语　俄语　德语　外交学　法语等

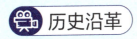 **历史沿革**

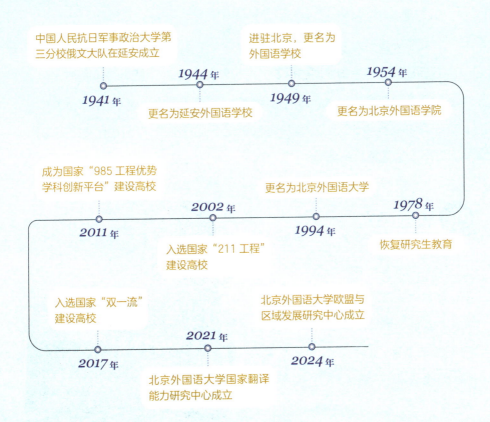

中国人民抗日军事政治大学第三分校俄文大队在延安成立

进驻北京，更名为外国语学校

1944 年

1954 年

1941 年

更名为延安外国语学校

1949 年

更名为北京外国语学院

成为国家"985 工程优势学科创新平台"建设高校

更名为北京外国语大学

2002 年

1978 年

2011 年

入选国家"211 工程"建设高校

1994 年

恢复研究生教育

入选国家"双一流"建设高校

北京外国语大学欧盟与区域发展研究中心成立

2021 年

2017 年

2024 年

北京外国语大学国家翻译能力研究中心成立

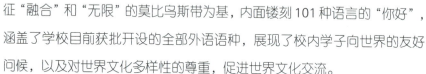

校园趣闻

《永无止境》雕塑

    《永无止境》雕塑建成于 2021 年，为纪念学校建校 80 周年。这座雕塑以象征"融合"和"无限"的莫比乌斯带为基，内面镂刻 101 种语言的"你好"，涵盖了学校目前获批开设的全部外语语种，展现了校内学子向世界的友好问候，以及对世界文化多样性的尊重，促进世界文化交流。

"共和国外交官摇篮"

    北京外国语大学以"外、特、精"为办学理念，以"兼容并蓄、博学笃行"为校训精神，结合国家发展需要，培养外交、翻译、经贸、新闻、法律、金融等涉外高素质人才。据不完全统计，北京外国语大学毕业的校友中，先后有 400 多人出任驻外大使，有 1000 多人出任参赞，学校因此赢得了"共和国外交官摇篮"的美誉。

校园风光

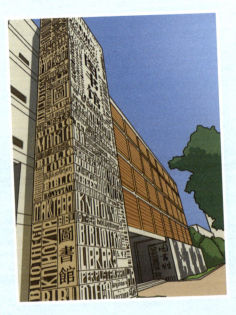

图书馆

    北京外国语大学图书馆，馆藏文献涵盖中、法、英、俄、西、德、日、阿等 107 个语种，有 160 万余册文献，141 万余册电子图书，873 种中外文报刊。

晨读园

晨读园位于东校区内，紧邻西门，与暮思园相对，是北外学子心中绝佳的语言学习圣地。

世界语言博物馆

北京外国语大学世界语言博物馆位于西校区国内大厦层内，通过科学的体系、合理的设计及丰富的藏品，将"历史与现实""知识与技能""本体与运用"融为一体。

体育馆

北京外国语大学体育馆建成于2008年，设有游泳馆、球类馆、健身房、多功能厅等运动健身场所。此外，体育馆还配有总服务台、咖啡厅、商品部、休闲书吧等服务设施。由此可见，这是一座综合型多功能体育馆。

对外经济贸易大学

博学、诚信、求索、笃行

建校时间 1951 年

主 校 址 北京市朝阳区惠新东街 10 号

学校类别 财经类大学

办学层次 "211 工程"大学、"双一流"建设高校

知名校友 周文重 高西庆 王 健

👍 优势学科

应用经济学 A 工商管理 A 外国语言文学 A⁻

特色学科

国际经济与贸易 西班牙语 意大利语 电子商务 金融学等

北京工业大学

不息为体，日新为道

建校时间 1960 年

主 校 址 北京市朝阳区平乐园 100 号

学校类别 理工类大学

办学层次 "211 工程"大学、"双一流"建设高校

知名校友 王见定　左铁镛　郭　福

👍 优势学科

环境科学与工程 A　软件工程 A⁻　材料科学与工程 A⁻　土木工程 A⁻　光学工程 A⁻

特色学科

电子科学与技术　建筑学　信息安全等

北京体育大学

追求卓越

建校时间 1953 年

主 校 址 北京市海淀区信息路 48 号

学校类别 体育类大学

办学层次 "211 工程"大学、"双一流"建设高校

知名校友 张怡宁 汪 顺 邹 凯

👍 **优势学科**

体育学 A⁺

📚 **特色学科**

体育教育 运动人体科学等

中央音乐学院

勤奋、求实、团结、进取

建校时间 1949 年

主 校 址 北京市西城区鲍家街 43 号

学校类别 艺术类大学

办学层次 "211 工程"大学、"双一流"建设高校

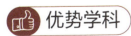 金铁霖　叶小纲

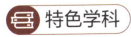 **优势学科**

音乐与舞蹈学 A⁺

特色学科

音乐表演（声歌系各招考方向）等

天津医科大学

求真至善

建校时间 1951 年

主 校 址 天津市和平区气象台路 22 号

学校类别 医科类大学

办学层次 "211 工程"大学、"双一流"建设高校

知名校友 朱宪彝 郝希山 傅园慧

特色学科

临床医学 药学 护理学 医学检验技术 医学影像学等

河北工业大学

勤慎公忠

建校时间　1903 年

主 校 址　天津市北辰区西平道 5340 号

学校类别　理工类大学

办学层次　"211 工程"大学、"双一流"建设高校

知名校友　姜圣阶　柯　俊　魏明初

特色学科

电气工程及其自动化　高分子材料与工程　金属材料工程　化学工程与工艺等

太原理工大学

求实、创新

建校时间 1902 年

主 校 址 山西省太原市万柏林区迎泽西大街 79 号

学校类别 理工类大学

办学层次 "211 工程"大学、"双一流"建设高校

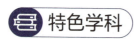 赵宗复　谢克昌　赵阳升

👍 优势学科

化学工程与技术 A$^-$

特色学科

化学工程与工艺　材料成型及控制工程　安全工程　计算机科学与技术等

内蒙古大学

求真务实

建校时间 1957 年

主 校 址 内蒙古呼和浩特市赛罕区大学西街 235 号

学校类别 综合类大学

办学层次 "211 工程"大学、"双一流"建设高校

知名校友 赵进才　陈国庆　阿拉腾奥勒

特色学科

　　生命科学　物理学　中国少数民族语言文学　生物科学　计算机科学与技术
数学与应用科学等

大连海事大学

学汇百川，德济四海

建校时间 1909 年

主 校 址 辽宁省大连市甘井子区凌海路 1 号

学校类别 理工类大学

办学层次 "211 工程"大学、"双一流"建设高校

知名校友 司玉琢 宋家慧 林玉乃

特色学科

航海技术 轮机工程 电子信息工程 交通运输 电气工程及其自动化等

辽宁大学

明德精学，笃行致强

建校时间 1948 年

主 校 址 辽宁省沈阳市皇姑区崇山中路 66 号

学校类别 综合类大学

办学层次 "211 工程"大学、"双一流"建设高校

知名校友 付梦印　单田芳　马　原

👍 **优势学科**

应用经济学 A⁻　马克思主义理论 A⁻

特色学科

经济学　哲学　财政学　国民经济管理等

东北师范大学

勤奋创新，为人师表

建校时间 1946 年

主 校 址 吉林省长春市南关区人民大街 5268 号

学校类别 师范类大学

办学层次 "211 工程"大学、"双一流"建设高校、"教师教育创新平台项目计划"建设高校

知名校友 郑光美　刘兴土　郭力华

👍 优势学科

世界史 A⁺　教育学 A⁺　马克思主义理论 A⁺　统计学 A　美术学 A⁻　生态学 A⁻　生物学 A⁻

特色学科

数学与应用数学　心理学　会计学　物理学等

延边大学

求真、至善、融合

建校时间　1949 年

主 校 址　吉林省延边朝鲜族自治州延吉市公园路 977 号

学校类别　综合类大学

办学层次　"211 工程"大学、"双一流"建设高校

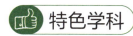　朴键一　金宁一

👍 特色学科

朝鲜语　中国少数民族语言文学　动物科学　药学等

东北农业大学

博学笃行，明德亲民

建校时间 1948 年

主 校 址 黑龙江省哈尔滨市香坊区长江路 600 号

学校类别 综合类大学

办学层次 "211 工程"大学、"双一流"建设高校

知名校友 骆承庠　周琪　杨林

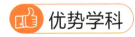

食品科学与工程 A⁻

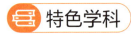

农业科学　植物学与动物学　生物学与生物化学等

上海大学

自强不息，道济天下

建校时间 1922 年

主 校 址 上海市宝山区上大路 99 号

学校类别 综合类大学

办学层次 "211 工程"大学、"双一流"建设高校

知名校友 杨雄里 陈逸飞 沈乐平

👍 优势学科

美术学 A 社会学 A 戏剧与影视学 A⁻ 世界史 A⁻

特色学科

金属材料工程 电子信息科学与技术 化学工程与工艺等

东华大学

崇德博学，砺志尚实

建校时间 1951 年

主 校 址 上海市长宁区延安西路 1882 号

学校类别 综合类大学

办学层次 "211 工程"大学、"双一流"建设高校

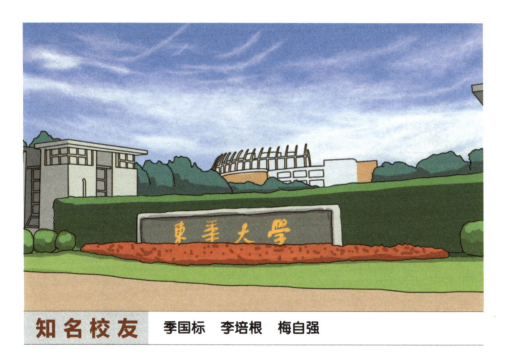

知名校友　季国标　李培根　梅自强

👍 **优势学科**

纺织科学与工程 A⁺　材料科学与工程 A　设计学 A⁻

📖 **特色学科**

高分子材料与工程　服装设计与工程　轻化工程　环境工程　功能材料等

上海外国语大学

格高志远，学贯中外

建校时间　1949 年
主 校 址　上海市虹口区大连西路 550 号
学校类别　语言类大学
办学层次　"211 工程"大学、"双一流"建设高校

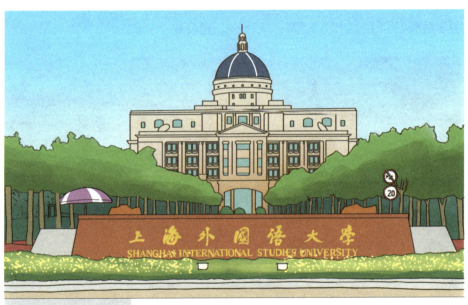

知名校友　　姜椿芳　　周锡生　　王冶坪

 优势学科

外国语言文学 A⁺

 特色学科

日语　英语　西班牙语　阿拉伯语　希伯来语　越南语等

中国人民解放军
海军军医大学

求实、创新、严谨、献身

建校时间　1949 年

主 校 址　上海市杨浦区翔殷路 800 号

学校类别　军事类大学

办学层次　"211 工程"大学、"双一流"建设高校

知名校友　吴孟超　李素芝　曹雪涛

👍 **优势学科**

特种医学 A⁺　药学 A　护理学 A　基础医学 A⁻

特色学科

临床医学　医学影像学　生物技术等

苏州大学

养天地正气，法古今完人

建校时间 1900 年

主 校 址 江苏省苏州市姑苏区干将东路 333 号

学校类别 综合类大学

办学层次 "211 工程"大学、"双一流"建设高校

知名校友 谈家桢　周谷城　李政道

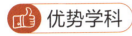 优势学科

特种医学 A⁺　设计学 A⁻　体育学 A⁻　纺织科学与工程 A⁻　药学 A⁻

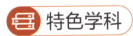 特色学科

纺织工程　物理学　软件工程　放射医学　数学与应用数学等

南京师范大学

正德厚生，笃学敏行

建校时间 1902 年

主 校 址 江苏省南京市栖霞区文苑路 1 号

学校类别 师范类大学

办学层次 "211 工程"大学、"双一流"建设高校

知 名 校 友 杨金龙　洪银兴　谢剑平

👍 优势学科

教育学 A　马克思主义理论 A　地理学 A　中国语言文学 A⁻　外国语言文学 A⁻　美术学 A⁻　法学 A⁻

特色学科

新闻学　生物科学　小学教育　数学与应用数学等

安徽大学

至诚至坚，博学笃行

建校时间　1928 年

主 校 址　安徽省合肥市经济技术开发区九龙路 111 号

学校类别　综合类大学

办学层次　"211 工程"大学、"双一流"建设高校

知 名 校 友　汪旭光　李　扬　潘　军

特色学科

生物科学　考古学　电子信息工程等

福州大学

明德至诚，博学远志

建校时间　1958 年

主 校 址　福建省福州市闽侯县福州大学城乌龙江北大道 2 号

学校类别　理工类大学

办学层次　"211 工程"大学、"双一流"建设高校

知 名 校 友　魏可镁　吴新涛　洪茂椿

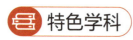 优势学科

化学 A⁻

特色学科

车辆工程　资源勘查工程　土木工程　化学工程与工艺等

南昌大学

格物致新，厚德泽人

建校时间 1921 年

主 校 址 江西省南昌市红谷滩新区学府大道 999 号

学校类别 综合类大学

办学层次 "211 工程"大学、"双一流"建设高校

知 名 校 友 邱定蕃　钟登华　曾庆元

 优势学科

食品科学与工程 A⁺

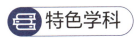 特色学科

生物科学　汉语言文学　工商管理　软件工程　医学影像学等

郑州大学

求是，担当

建校时间 1956 年

主 校 址 河南省郑州市高新区科学大道 100 号

学校类别 综合类大学

办学层次 "211 工程"大学、"双一流"建设高校

知名校友 张宏江　宋家友　李朝军

特色学科

金融学　化学工程与工艺　工程力学　物理学　化学　新闻传播学等

华中师范大学

求实创新，立德树人

建校时间　1903 年

主 校 址　湖北省武汉市洪山区珞喻路 152 号

学校类别　师范类大学

办学层次　"211 工程"大学、"双一流"建设高校、"教师教育创新平台项目
计划"建设高校

知名校友　　王亚南　张舜徽　冯巩

👍 **优势学科**

教育学 A⁺　中国史 A⁻　政治学 A⁻　马克思主义理论 A⁻　心理学 A⁻

📋 **特色学科**

汉语言文学　历史学　教育技术学　生物科学　化学等

湖南师范大学

仁爱精勤

建校时间	1938 年
主 校 址	湖南省长沙市岳麓区麓山路 36 号
学校类别	师范类大学
办学层次	"211 工程"大学、"双一流"建设高校

知名校友　　刘　筠　陈大可　谭蔚泓

👍 优势学科

外国语言文学 A　音乐与舞蹈学 A⁻

特色学科

生物科学　英语　教育学　化学　历史学　体育教育等

华南师范大学

艰苦奋斗，严谨治学，求实创新，为人师表

建校时间 1933 年

主 校 址 广东省广州市天河区中山大道西 55 号

学校类别 师范类大学

办学层次 "211 工程"大学、"双一流"建设高校

知名校友 刘颂豪 刘江南 陈永正

👍 优势学科

心理学 A⁺ 马克思主义理论 A 体育学 A⁻ 教育学 A⁻

特色学科

数学与应用数学 英语 思想政治教育 物理学等

广西大学

勤恳朴诚，厚学致新

建校时间 1928 年

主 校 址 广西壮族自治区南宁市西乡塘区大学东路 100 号

学校类别 综合类大学

办学层次 "211 工程"大学、"双一流"建设高校

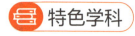 **知名校友**　　唐际宇　沈善炯　张先程

🈺 **特色学科**

新闻学　水利水电工程　轻化工程等

海南大学

海纳百川，大道致远

建校时间　1958 年
主 校 址　海南省海口市美兰区人民大道 58 号
学校类别　综合类大学
办学层次　"211 工程"大学、"双一流"建设高校

 **知名校友**　符气浩　杨贞标　郑小波

特色学科

法学　材料科学与工程　信息与通信工程　化学工程与技术等

四川农业大学

追求真理，造福社会，自强不息

建校时间　1906 年

主 校 址　四川省雅安市雨城区新康路 46 号

学校类别　农业类大学

办学层次　"211 工程"大学、"双一流"建设高校

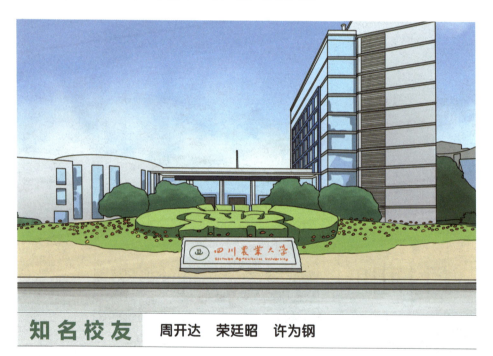

知 名 校 友　周开达　荣廷昭　许为钢

👍 优势学科

畜牧学 A　作物学 A⁻

特色学科

动物医学　林学　园艺　农业资源与环境等

贵州大学

明德至善，博学笃行

建校时间 1902 年

主 校 址 贵州省贵阳市花溪区花溪大道南段 2708 号

学校类别 综合类大学

办学层次 "211 工程"大学、"双一流"建设高校

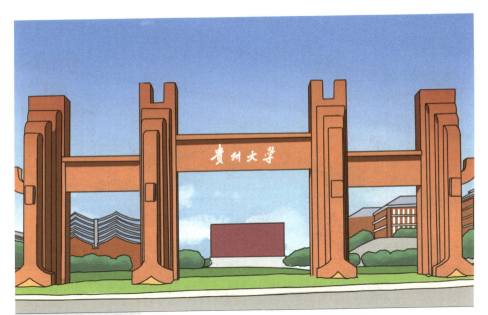

知名校友   周卫健   徐采栋   宋宝安

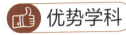 优势学科

植物保护 A⁻

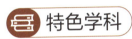 特色学科

采矿工程   力学   农林经济管理   材料科学与工程等

云南大学

自尊、致知、正义、力行

建校时间　1923 年

主 校 址　云南省昆明市五华区翠湖北路 2 号

学校类别　综合类大学

办学层次　"211 工程"大学、"双一流"建设高校

知 名 校 友　张国成　孙汉董　刘尧汉

👍 优势学科

民族学 A⁺　生态学 A　统计学 A⁻

🎖 特色学科

新闻学　环境科学与工程　化学　理论经济学等

西藏大学

团结、勤奋、求实、创新

建校时间 1951 年

主 校 址 西藏自治区拉萨市城关区藏大东路 10 号

学校类别 综合类大学

办学层次 "211 工程"大学、"双一流"建设高校

知 名 校 友   杨年华   次仁朗杰

特色学科

民族学   美术学   临床医学   数学与应用数学   音乐学等

西北大学

公诚勤朴

建校时间　1902 年

主 校 址　陕西省西安市碑林区太白北路 229 号

学校类别　综合类大学

办学层次　"211 工程"大学、"双一流"建设高校

知名校友　徐宗本　刘加平　杨闻宇

优势学科

　　考古学 A　地质学 A　软件工程 A⁻

特色学科

　　历史学　行政管理　资源勘查工程　化学　物理学等

陕西师范大学

厚德、积学、励志、敦行

建校时间 1944 年

主 校 址 陕西省西安市雁塔区长安南路 199 号

学校类别 师范类大学

办学层次 "211 工程"大学、"双一流"建设高校

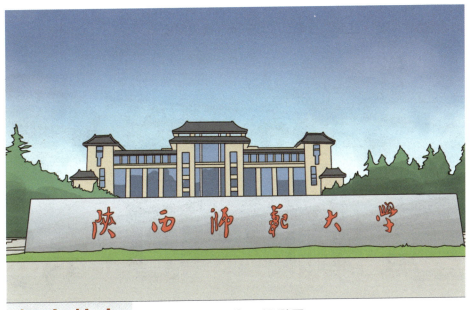

知名校友 傅伯杰 戴琼海 冯登国

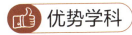 **优势学科**

中国语言文学 A⁻ 教育学 A⁻ 心理学 A⁻

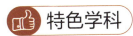 **特色学科**

物理学 心理学 生物科学 英语 化学 地理科学等

中国人民解放军空军军医大学

团结 求实 创新 献身

建校时间 1941 年

主 校 址 陕西省西安市新城区长乐西路 169 号

学校类别 军事类大学

办学层次 "211 工程"大学、"双一流"建设高校

知名校友 赵铱民 樊代明 陈景藻

👍 **优势学科**

生物学 A⁻ 口腔医学 A⁻ 特种医学 A⁻

特色学科

临床医学 心理学 公共卫生与预防医学等

344

青海大学

志比昆仑，学竞江河

建校时间 1958 年

主 校 址 青海省西宁市宁大路 251 号

学校类别 综合类大学

办学层次 "211 工程"大学、"双一流"建设高校

 王光谦　俞红贤　次仁顿珠

特色学科

预防医学　经济学　资源勘查工程　藏医学　化学工程与工艺等

345

宁夏大学

尚德、勤学、求是、创新

建校时间 1958 年

主 校 址 宁夏回族自治区银川市西夏区贺兰山西路 489 号

学校类别 综合类大学

办学层次 "211 工程"大学、"双一流"建设高校

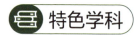 季生福　杨洪涛　郭文斌

特色学科

生态学　生物科学　农学　汉语言文学等

新疆大学

团结、紧张、质朴、活泼

建校时间　1924 年

主 校 址　新疆维吾尔自治区乌鲁木齐市天山区胜利路 666 号

学校类别　综合类大学

办学层次　"211 工程"大学、"双一流"建设高校

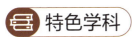 知名校友　　吾守尔·斯拉木　　索南加乐　　贾殿赠

📖 特色学科

化学工程与工艺　资源勘查工程　土木工程　中国少数民族语言文学等

石河子大学

明德正行 博学多能

建校时间　1949 年

主 校 址　新疆维吾尔自治区石河子市北四路 221 号

学校类别　综合类大学

办学层次　"211 工程"大学、"双一流"建设高校

 　胡兆璋　谢庆生　黄克剑

特色学科

农学　临床医学　农林经济管理　动物医学等